金融博士论丛·第十七辑

中国股票市场盈利溢价效应研究

A Study on Profitability Premium in Chinese Stock Market

齐欣林　著

中国金融出版社

责任编辑：王效端
责任校对：李俊英
责任印制：赵燕红

图书在版编目（CIP）数据

中国股票市场盈利溢价效应研究（Zhongguo Gupiao Shichang Yingli Yijia Xiaoying Yanjiu）/齐欣林著 . —北京：中国金融出版社，2017. 12
（金融博士论丛）
ISBN 978 – 7 – 5049 – 9290 – 1

Ⅰ. ①中…　Ⅱ. ①齐…　Ⅲ. ①股票市场—研究—中国　Ⅳ. ①F832. 51

中国版本图书馆 CIP 数据核字（2017）第 267453 号

出版
发行　**中国金融出版社**

社址　北京市丰台区益泽路 2 号
市场开发部　（010）63266347，63805472，63439533（传真）
网 上 书 店　http：//www. chinafph. com
　　　　　　（010）63286832，63365686（传真）
读者服务部　（010）66070833，62568380
邮编　100071
经销　新华书店
印刷　保利达印务有限公司
尺寸　169 毫米×239 毫米
印张　9. 25
字数　160 千
版次　2017 年 12 月第 1 版
印次　2017 年 12 月第 1 次印刷
定价　36. 00 元
ISBN 978 – 7 – 5049 – 9290 – 1
如出现印装错误本社负责调换　联系电话（010）63263947
编辑部邮箱：jiaocaiyibu@ 126. com

前　言

　　2013 年以来，盈利异象成为国际前沿资产定价研究关注的热点问题，从公司基本面出发，支持盈利能力对股票横截面收益具有正向预测能力的研究证据陆续被发现（Novy – Marx，2013；Ball et al.，2014；Sun，Wei 和 Xie，2014等）。2015 年，Q 因子定价模型（Hou，Xue 和 Zhang，2015）和 Fama – French五因子定价模型（Fama 和 French，2015）同年问世，在这两大最新资产定价模型中，盈利因素均被正式确立为资产定价因子，这进一步肯定了盈利在股票收益预测方面的重要作用。梳理可知，现有绝大部分盈利溢价相关研究均集中于美国等成熟资本市场，而在新兴经济体市场，尤其是中国股票市场，探究公司盈利在股票横截面收益预测方面的研究寥寥无几，存在明显的空白。与此同时，中国股票市场自成立至 2000 年初，由于相关市场机制设计与法律制度的不完善，内幕交易与投资炒作现象严重，曾被诟病为"赌场"。然而经过 2000年之后的跨越式集中改革与发展期，中国股票市场现已成长为全球第二大市场，股票价格中的信息含量稳步上升，股价波动与基本面的相关性逐步增强，市场成熟度稳步提升。此时，在中国市场中研究公司盈利对于价值投资者来说是否是一个关键性的基本面信号，具有很强的紧迫性和现实意义。

　　本书针对中国股票市场环境，探寻上市公司盈利与预期股票投资收益间的关系，对盈利溢价效应进行系统性的检验，并在此基础上深入挖掘盈利策略实践背后的运行机制，解释溢价效应的来源。概括来看，本书主要有以下研究发现：首先，中国股票市场中可以观测到显著为正的盈利溢价效应，即盈利能力高的公司会获得较高的股票未来回报，实证研究发现，基于公司毛利润率、资产收益率、股东权益收益率构建的盈利多空对重组合能创造显著（在 1% 的水平上）的约 18%、15%、13% 的年化超额收益（用 Fama – French 三因子模型衡量）；其次，盈利策略具有良好的稳健性，在控制包括市值规模因子、价值因子、惯性收益因子在内的一系列因素之后，盈利对于股票预期收益的正向预测能力依然保持显著，且盈利溢价效应在大市值规模和高成长性的公司中表现得更为突出；最后，在盈利溢价的经济机制解释方面，本书实证研究发现盈利溢价效应在投资摩擦程度更低的公司（此类公司通常有更多的分红、更大的资产规模、更多的国有控股，以及更低的融资约束指数）中表现更显著，而在估值更加不确定或有限套利更高的公司中反而表现更弱，这证明 Q 理论可以很好地解释盈利策略的超额收益来源，而基于行为金融学的错误定价解释并不可行。

本书的创新之处体现在以下四个方面：第一，系统性地检验了盈利溢价效应。由于盈利因素在 2015 年才被正式确定为资产定价因子，国内学者针对盈利因子的关注度十分有限，鲜有基于企业盈利构建投资策略的实证研究，本书从企业盈利层面出发剖析价值投资策略弥补了上述空白。第二，丰富了价值投资策略的内涵。截至目前，学术界已有的价值投资的实证研究多集中于单纯依靠估值指标选股的传统价值投资策略，本书在价值投资的新兴领域——盈利驱动的价值投资策略深入挖掘符合股票估值模型的本源，并通过控制规模和账面市值比因子来构建多维联合选股体系，拓展了价值投资策略的外延。第三，多维度出发构建投资策略。本书通过不同盈利评价准则测度投资组合绩效，并对盈利策略进行了全面深入的稳健性检验，构建了"规模—估值—盈利"三维联合选股体系，为价值投资者在 A 股市场的实践提供了具体指导。第四，揭示了盈利溢价效应的经济驱动因素。以往研究主要围绕市场异象本身即针对策略斩获超额收益的测度，而缺少对其背后驱动因素进行探讨，本书创新性地对比实证检验了行为金融学的错误定价理论和新古典金融学的 Q 理论对于盈利溢价的经济解释能力，揭示了 A 股市场中盈利溢价效应与理性的资产定价模型——基于投资摩擦的 Q 理论相一致。

在中国股票市场日渐成为国际资本市场重要组成部分的大环境下，本书的创作扩充了资产定价领域对于这个市场的研究。在过去的研究中，中国股票市场往往被认为投机成分高，且股票收益与公司基本面信息（如盈利能力）脱节。但是，随着我国资本市场的不断发展，政策监管的不断完善，以及公司信息披露程度的逐渐加深，中国股票市场的有效程度已经显著增强。作者通过本书的创作，在检验中国股票市场的发展程度和有效性的同时，为读者更客观地认识盈利溢价效应提供了有力的证据，期望可以为读者更科学地投资于中国股票市场提供良好的参考。

作者

2017 年 11 月

目　录

第一章
绪　论

第一节　论题的提出

　　投资研究中的核心问题之一便是关注资产价格的变动，科学地认知资产定价的决定因素，有助于投资者寻找到股票价格与公司相关基本面信息的联动纽带，并在一定程度上预测股票价格变动，从而更加有效地进行资产管理和资产配置，实现投资收益。因此，对于资产定价理论和实证的研究自现代金融理论体系形成以来，自始至终是众多学术界金融学者、业界专业投资人士均高度关注的焦点问题。

　　近几年中，有关公司盈利能力和股票预期收益之间关系的研究成为资产定价的理论和实证研究中受到高度关注的领域，许多国际前沿研究都针对这一问题展开。Fama 和 French（2006，2008）研究发现，用股东权益报酬率（ROE）作为公司盈利水平的代理变量，在控制公司的账面市值比和投资之后，拥有高盈利水平的公司将会有更高的预期投资收益；Novy‐Marx（2013）则研究指出，相比于 ROE，用公司毛利与资产之比（gross profits scaled by assets，GPA）作为公司盈利能力的代理变量，对于股票横截面收益情况具备更强的正向预测效力；从基于投资的 Q 理论出发，Li、Livdan 和 Zhang（2009）研究证明了公司的投资与盈利是其股票预期投资收益的重要基本面决定因素，而 Hou、Xue 和 Zhang（2015a，2015b）提出了一个新的 Q 理论四因子模型，在市场风险与规模因子的基础上，正式加入了投资和盈利作为新的资产定价因子，该研究明确指出，拥有更高盈利水平的公司股票预期投资收益越高；而几乎在同一时间，Fama 和 French（2015）同样对其经典资产定价模型——三因子定价模型（Fama 和 French，1993）进行了扩展，在保留其原有三因子的基础上增加了盈利因子和投资因子。上述前沿研究都强调了盈利因子在股票横截面收益预测方面的重要作用，并可以用于捕捉到许多现行的无法套用经典资产定价模型解释的股票市场异象（anomaly）的变化情况。

而在实务投资领域，世界级的投资大师包括本杰明·格雷厄姆（Benjamin Graham）、沃伦·巴菲特（Warren Buffett）和乔尔·格林布拉特（Joel Greenblatt）等人在评估公司的综合品质并作出投资决策的过程中，同样对公司盈利性有着高度的关注（Greenblatt，2010；Lee，2014）。Frazzini、Kabiller 和 Pedersen（2013）在回溯研究了巴菲特过去三十多年投资策略的超额收益（阿尔法）后发现，相较于较低的估值水平，巴菲特在进行价值投资时更加看重对公司品质的评估，其中高品质的最重要特征即为盈利出众，尽管此类公司的价格可能在决策时已经不低，但是仍然值得投资。由此可见，全面考察公司的盈利性在投资实践中的重要作用不言而喻。

因此，从公司基本面出发，构建由盈利驱动的价值投资策略（以下简称盈利策略）成为价值投资领域学术研究的最新热点方向，投资者通过盈利相关指标构建投资组合获取超额收益的现象即为盈利溢价效应（profitability premium）。盈利异象在近三年里得到了学术界的高度关注，但是绝大部分研究均是集中于美国市场，然而在国际市场中尤其是新兴经济体市场的环境下，探究盈利在股票投资收益预测方面的研究还凤毛麟角，仅有 Sun、Wei 和 Xie（2014）在包含 41 个国家的国际样本中，实证研究发现盈利溢价效应在其中三分之二的国家中均显著存在，然而该研究对于盈利的刻画比较单一，仅使用了毛利资产比一种指标。在这样的研究背景下，本选题正是专门针对中国股票市场，通过全面的代理变量选择和精细的实证研究设计对盈利溢价效应进行系统性的研究，探究基于盈利因素构建的价值投资策略在中国市场中的有效性情况，旨在为盈利溢价效应在国际范围中的检验提供来自中国市场的证据，弥补了当前国内相关领域的研究空白。

随着金融改革的深化，中国的金融市场在结构与规模上均有了全面的发展，金融市场的主要组成部分——股票、国债、公司债市场均经历了一个快速成长的过程。表 1-1 展示了全球主要国家金融市场的发展概况，从国家层面横向比较来看，截至 2014 年底，中国的 GDP 总额为 10.36 万亿美元，为全球第二大经济体，与之对应的是，金融市场总市值达到了 10.71 万亿美元，仅次于美国和日本，而在中国金融市场的各项构成中，发展最快、体量最大的市场当属股票市场。

表 1 - 1　　　全球主要国家 GDP 与金融市场规模（2014 年 12 月）

项目（万亿美元）＼国家	美国	中国	日本	德国	英国	法国
GDP	17.42	10.36	4.60	3.86	2.91	2.83
股票市值	26.33	6.00	4.48	1.74	3.46	2.09
国债市值	15.45	1.69	8.21	2.00	2.63	2.08
公司债市值	20.33	3.02	2.84	1.78	3.49	2.29
金融市场总市值	62.11	10.71	15.53	5.52	9.58	6.46

自 1990 年 12 月上海证券交易所成立、1991 年 4 月深圳证券交易所成立至今，中国的股票市场经历了 26 年的发展历史，但与发达国家的成熟市场相比，中国股票市场依然非常年轻。尽管成立时间不长，中国股票市场的发展速度却非常突出，如图 1 - 1 所示，2014 年末，沪深两市以 37.25 万亿元人民币约合 6 万亿美元的市值总额超过了日本，跃身成为全球第二大股票市场，仅次于美国，而上市公司的数量从 1992 年的 53 家增长到了 2014 年底的 2 613 家，毫无疑问，从规模上看，中国股票市场已成为国际资本市场构成中的重要一极。

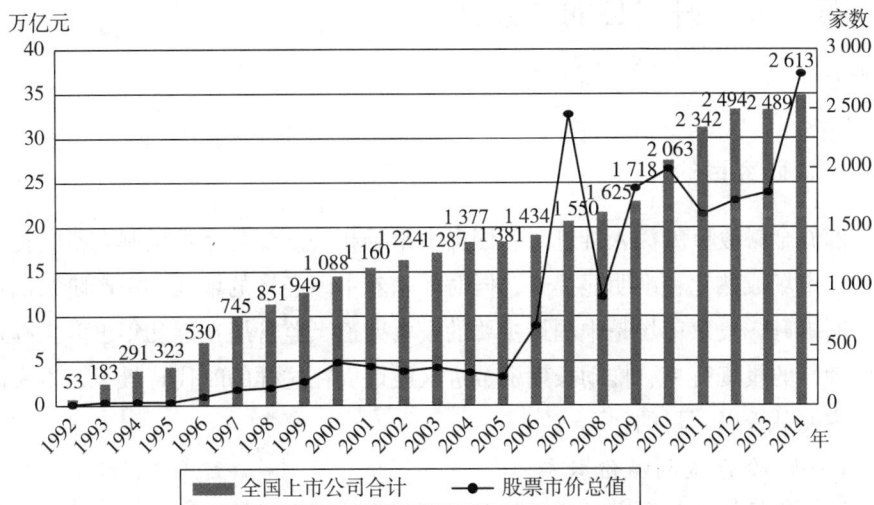

图 1 - 1　1992—2014 年中国股票市场上市公司总数、股票市值总额

中国资本市场的迅猛发展引起了国际学术研究领域与实务投资领域相关专家的高度关注。例如，Carpenter、Lu 和 Whitelaw（2015）研究指出，经过了过去十年跨越式的改革与发展，中国股票市场有关公司预期盈利性水平的信息发现效力显著提升，股票价格的信息量变化趋势与公司投资效率相关性增强，

整体市场环境在日趋走向成熟。同时必须承认的是，在过去很长一段时间中，中国股票市场都被长期批评为市场欠发达、充斥着投机与炒作行为，股票价格与公司基本面情况（如经营与盈利水平）无明显关联，甚至曾经被诟病为"赌场"①。因此，在有关中国股票市场前后认知观点的矛盾性与争论中，探究公司盈利是否对于价值投资者是一个关键有效的基本面信号是十分必要的，同时，考虑到自身发展和制度等方面的特殊性，本文在中国市场环境中探究价值投资超额收益的来源，对比分析两大平行经典理论——风险理论与行为金融理论对于盈利策略的解释力度，同样具有很强的急迫性和现实意义。

基于上述动机，这里提出了本研究选题——从公司层面出发，在中国股票市场的环境中研究盈利异象问题，探究处于新兴市场与经济转轨过程中的中国上市公司盈利性与预期股票投资收益间的关系，实证检验盈利溢价效应在中国市场中是否显著可测，并深入挖掘盈利策略实践背后的具体运行机制和主要影响因素，以求进一步丰富价值投资思想的内涵，为 A 股市场的机构投资者和广大个人投资者进行科学的价值投资实践提供坚实的理论和实证依据。

第二节　研究目的与意义

一、研究目的

随着金融改革的深入推进，中国资本市场相关制度与运行机制方不断得到完善，市场成熟化程度明显提升，同时伴随着中国经济的增长，中产阶级的比重不断提升，股票市场是中国最主要的投资渠道，监管层在近几年也多次提倡科学理性的投资行为，推动长期资金进入股市。在这样的时代背景下，本文的研究主要基于以下目的：

（一）检验盈利溢价效应

股票市场异象的研究在近十年取得了丰富的研究成果，极大地推动了资产定价模型的发展，其中盈利异象是近几年国际学者研究的焦点问题，其重要性

---

① 2001 年 1 月 12 日，经济学家吴敬琏在接受中央电视台《经济半小时》记者的专访时，提出了在当时引起巨大争议与激辩的"赌场论"，这也是对 1997—2001 年间中国股票市场上"琼民源事件""银广夏陷阱""蓝田神话"等庄股横行，题材股、概念股被大肆投机炒作，上市公司财务造假现象严重的时代特征的抨击。

随着盈利被正式确立为最新资产定价因子而可见一斑，但是相关研究的样本中对新兴经济体的关注并不多，尤其是在针对中国市场的盈利溢价研究方面还存在空白。因此，本文力求在中国股票市场的环境中实证研究盈利与股票横截面收益间的关系，检验盈利溢价效应的存在性，并具体测度溢价程度的大小。

（二）构建符合中国市场特征的价值选股体系

价值投资思想起源于西方成熟资产市场，迄今已经经历了半个多世纪的发展历程，在业界被成功地应用与推广，成为一种主流的投资风格。然而价值投资对于中国市场而言，很大程度上是一个"舶来理念"，中国股票市场在发展阶段、制度演进、市场环境等方面均有自身的特征，对于国外价值投资相关选股理论，尤其是该领域中的最新研究成果，不能盲目套用，应该充分考虑中国市场自身特征，选取合适的公司基本面特征代理变量，构建符合中国股票市场实际情况的价值选股体系。

（三）剖析盈利策略的超额收益来源

在市场异象超额收益的解释方面，国际主流研究领域中存在两大类对立观点，即分别来自风险理论与行为金融理论的解释，这也是过去二十年中资产定价研究领域争论的焦点问题。本文通过严谨的实证设计，分别对上述两大主流理论在中国市场的环境中进行检验，旨在通过对比研究来剖析盈利策略所斩获超额收益的来源，揭示其在中国市场投资实践中的背后作用机制与主要决定因素。

（四）倡导科学、理性的投资理念

在目前"大资管时代"的背景下，财富迅速积累的中国大型机构投资者和广大个人投资者具有持续增长的资产保值和增值需求，本文对价值投资策略的深入研究有助于迎合这一迫切需求，并为其在股票实务投资中提供科学的分析框架和工具指导，同时增强广大个人投资者对于价值投资理念的认知与接受程度，督促投资者重新回归于企业基本面本身，营造良好的投资环境。

二、研究意义

围绕股票市场异象能够获取超额收益这一研究领域，众多学者不断在资产定价的实证领域进行探索，关注不同公司基本面特征指标与横截面股票收益的关系，因此价值投资策略的内涵也在不断丰富，深入发掘价值投资策略的不同维度并进行梳理与总结，有助于为投资者提供最新的价值投资理论依据，更好地获取超额收益。

目前，日益走向规范化和成熟化的中国证券市场为价值投资策略提供了良好的研究平台和广阔的应用前景。本文的研究紧紧围绕企业基本面的最核心信息——盈利性,实证研究构建盈利驱动的价值投资策略绩效情况,检验公司盈利对于股票预期收益的预测能力,结合目前股票市场的发展现状,本研究具有非常重要的意义。首先,在中国市场环境中,检验盈利溢价效应,及时将最新发现的资产定价因子——盈利因子应用于中国市场投资实践,弥补了国内学者在盈利异象领域的研究空白;其次,众所周知,中国股票市场中最主要的参与者为散户投资者,通常受制于投资分析水平的有限而容易发生追涨杀跌的非理性投资行为,缺乏严谨的投资研究,本文的研究有利于改善中小投资者跟风炒作、过度投机的理念,为其提供较为直观的分析手段与科学价值投资决策的理论指导,在长期阶段中有助于逐步提高证券市场的整体投资水平,减少市场中蕴含的非理性泡沫。此外,构建盈利投资策略会督促广大投资者更加关注企业的基本面和成长性,引导资金从经营暗淡、效益差的劣质公司流向盈利性好、成长性强的优质公司,从而在一定程度上优化我国股票市场的资源配置功能,更好地支持与服务实体经济。

第三节　主要研究内容

本文的主要研究内容是从公司基本面信息出发,利用多种代理变量诠释公司盈利,研究中国股票市场中的盈利溢价效应,并深入剖析基于盈利构建的价值投资策略获取超额收益的主要作用机制,为投资者评估公司质量,筛选优质公司构建价值投资策略,在长期获取稳健、优异的投资绩效提供了坚实的理论基础和科学的实践指导。本文的主要研究内容安排如下:

第一章为绪论。该部分主要为本文论题的提出缘起与动机,阐述了研究盈利溢价效应对于丰富中国股票市场中的投资策略、促进公司股票价格回归基本面、培养各类投资主体进行科学理性的投资行为方面的重要意义。同时,本章也概括性地介绍了本文研究的主要内容、研究方法和结构安排,并对研究中可能涉及的创新点作了简要的说明。

第二章为本研究的文献综述部分。该章首先对传统价值投资研究进行了梳理,具体界定了价值投资策略的概念,归纳了股票市场异象的研究兴起与价值投资策略的关系,并系统性地梳理了传统价值投资策略的理论演进过程;其次,深入研究了盈利溢价的相关理论,并着重强调了价值投资策略的最新内涵,剖析了盈利溢价的投资实践情况;最后,总结了现有国内学者的研究现状，并分析了中国股票市场环境的变迁特征。

第三章是盈利溢价效应的理论基础。本章重点研究盈利溢价效应的理论基础，分别从基于投资的 Q 理论、股票估值模型以及错误定价理论的角度研究了公司盈利信息与股票预期投资收益的关系，通过理论模型的推演具体分析了可能解释盈利策略超额投资收益来源的作用机制。

第四章为实证研究方法，是本文实证研究过程的基础性章节，主要包括：数据的来源、样本筛选处理过程所遵循的原则；实证研究过程所涉及变量的选择和定义方法，重点分析了企业盈利性代理变量的特点和选取依据，并对所有变量的整体样本情况进行了统计分析；最后详细介绍了本文主要涉及的两种实证研究方法——投资组合分析法和回归分析法。

第五章实证研究了盈利策略在中国股票市场上的投资表现。在投资分析法中，基于企业盈利能力进行单因素选股排序，分组组合的投资收益与盈利性呈现单调递增趋势，由盈利水平排序最高组与最低组构建的多空对冲组合超额收益显著，这在各种盈利指标刻画中均表现一致，证明了盈利溢价现象的显著存在性；在回归分析法中，利用 Fama – Macbeth 回归建模，在同时考虑了一系列资产定价中的经典因子基础上，上市公司的盈利性对于预期投资收益的正向预测能力依然保持显著，即进一步为盈利性在股票横截面收益预测具备很强的预测能力提供了有力的支持证据，证明了盈利策略在中国股票市场实践的有效性。

第六章在第五章所发现的盈利效应的基础上，具体对盈利策略的稳健性程度进行了全面的实证检验。首先，测度了中国股票市场中的价值效应和规模效应，发现基于估值指标的传统型价值投资策略难以获得出色表现；其次，在双因素排序的投资组合分析中，研究了在分别控制规模因子、估值因子的情形下盈利策略的绩效变化情况，研究发现盈利溢价程度在大规模（市值水平高）、成长型（低账面市值比）的股票中表现更加突出；而在联合考虑企业规模、估值水平和盈利的三因素排序选股实证分析中，进一步肯定了上述研究发现。综合来看，本章通过全面的论证设计证明了盈利策略具有良好的稳健性，同时为价值投资者在中国市场实践提供了具体指导：构建组合时，重点筛选具有突出盈利能力、成长性良好的大盘股，可以斩获出色的投资业绩。

第七章则为本文的最后一章实证研究，基于前述两章的研究发现，重点关注盈利策略获取超额投资收益的成因，实证检验了错误定价理论和 Q 理论的适用性。前者主要关注有限套利与估值不确定性两种经典行为金融学理论的解释力度，后者则通过全面的代理变量衡量投资摩擦程度，检验 Q 理论对于盈利溢价的作用机制。对比研究发现，在中国股票市场中，Q 理论通过投资摩擦渠道可以很好地解释企业盈利对于预期投资收益的正向预测效应。

第八章是结论与启示。总结全文，归纳了本文的主要观点与研究结论，并基于研究发现对中国市场的投资者提供相应的理论指导和实践启示，同时为中国资本市场在市场制度与机制建设方面进一步的发展提出了相关的建议，最后对在本文基础上的未来研究方向与计划进行了展望。

第四节　研究方法、文章结构安排及创新点

一、研究方法

（一）理论与实证研究相结合

本文整体上采用定性分析与定量分析相结合、理论分析与实证分析相结合的研究方法。本文从理论研究出发，在对于盈利溢价的相关理论、股票市场异象与价值投资的关系等内容进行了总结和梳理之后，做出理论归纳与演绎，明确了价值投资策略的发展脉络与前沿研究动态，并重点剖析了盈利策略的驱动因素和经济机制解释。

在深入阐释理论的基础上，结合中国市场实际情况，在实证研究环节着重分析了价值投资的最新内涵——基于盈利异象构建的投资策略在样本期中的投资绩效表现，并通过控制不同的经典定价因子，对其稳健性进行了全面深入的检验，最后实证检验 Q 理论与行为金融理论，通过比较分析找到策略背后驱动的经济机制，从而对于在中国市场中挖掘高品质优质公司、构建价值投资策略进行实践指导。

（二）资产定价实证研究

本文的实证研究部分与国际前沿资产定价研究（如 Fama 和 French，2015；Hou、Xue 和 Zhang，2015）所采用的方法保持一致，主要包括法玛—麦克白回归分析法（Fama 和 Macbeth Regression，1973）和投资组合分析法（portfolio analysis）两大分析工具，具体应用集中在本文的第五、第六、第七章的实证研究过程中，包括对盈利策略的实证研究发现、盈利策略的稳健性研究，以及对于盈利策略的经济解释。该部分以全面合理的代理变量选择与精细完备的论证设计使本文的实证研究更加客观、准确。

（三）比较研究的方法

本文在理论基础与实证研究的不少章节内容中均使用到了比较研究的方法，例如在研究价值投资策略的理论演进过程中，就比较分析了价值投资的传统维度与最新内涵之间在策略构成、理论支撑、代理变量选择等方面的差异，并通过国内外研究比较找到了我国目前学术界对于价值投资最新内涵尤其是基于盈利性的高品质投资的研究空白点。此外，在寻找盈利策略的驱动因素中，通过对 Q 理论与行为金融理论的详细对比研究，剖析超额收益的来源，发现了盈利策略在中国市场实践的影响机制和经济学解释。

（四）多学科理论综合运用

作为交叉性研究问题，投资策略构建与股票市场异象这一论题本身就涉及金融学、会计学、统计学等多个学科。本文研究过程中重点了解了现代资产定价理论、金融经济理论的前沿文献研究成果，并综合运用了公司金融学、投资学、计量经济学、计算机数值计算等领域的相关理论与工具，以求多维度地进行分析论证，从而实现对该选题深入透彻的研究。

二、文章结构安排

本文的结构安排如图 1-2 所示，图中清楚地展示了本文的研究路径推进过程，其中两大方框中的部分为本文的主体实证研究内容，共安排有三章，即分别为第五章盈利策略的实证研究发现，第六章盈利策略的稳健性研究，第七章盈利策略的经济机制研究。

三、研究创新点及不足

（一）本文的创新点

概括来看，本文的研究创新和学术贡献主要有以下四个方面：

第一，系统性地检验了盈利溢价效应。目前，最前沿资产定价模型——Fama - French 五因子模型和 Q 因素定价模型与经典模型相比均新纳入了盈利因子，极大地肯定了盈利性对股票收益的预测能力，然而在国内学者对于股票市场异象的现有研究中，多为直接套用经典股票定价模型（如 CAPM 模型、Fama - French 三因子定价模型）来尝试对超额投资收益进行解释，少数研究曾试图提出刻画中国市场的多因子定价模型，却鲜有研究专门关注盈利性这一最新被提出的资产定价因子；与之对应的是，在价值投资策略的实证研究方面，大部分国内学者关注的异象变量均与估值指标相关，属于传统价值投资范畴，而针对价值投资的最新内涵——基于盈利构建投资策略的研究可谓是寥寥

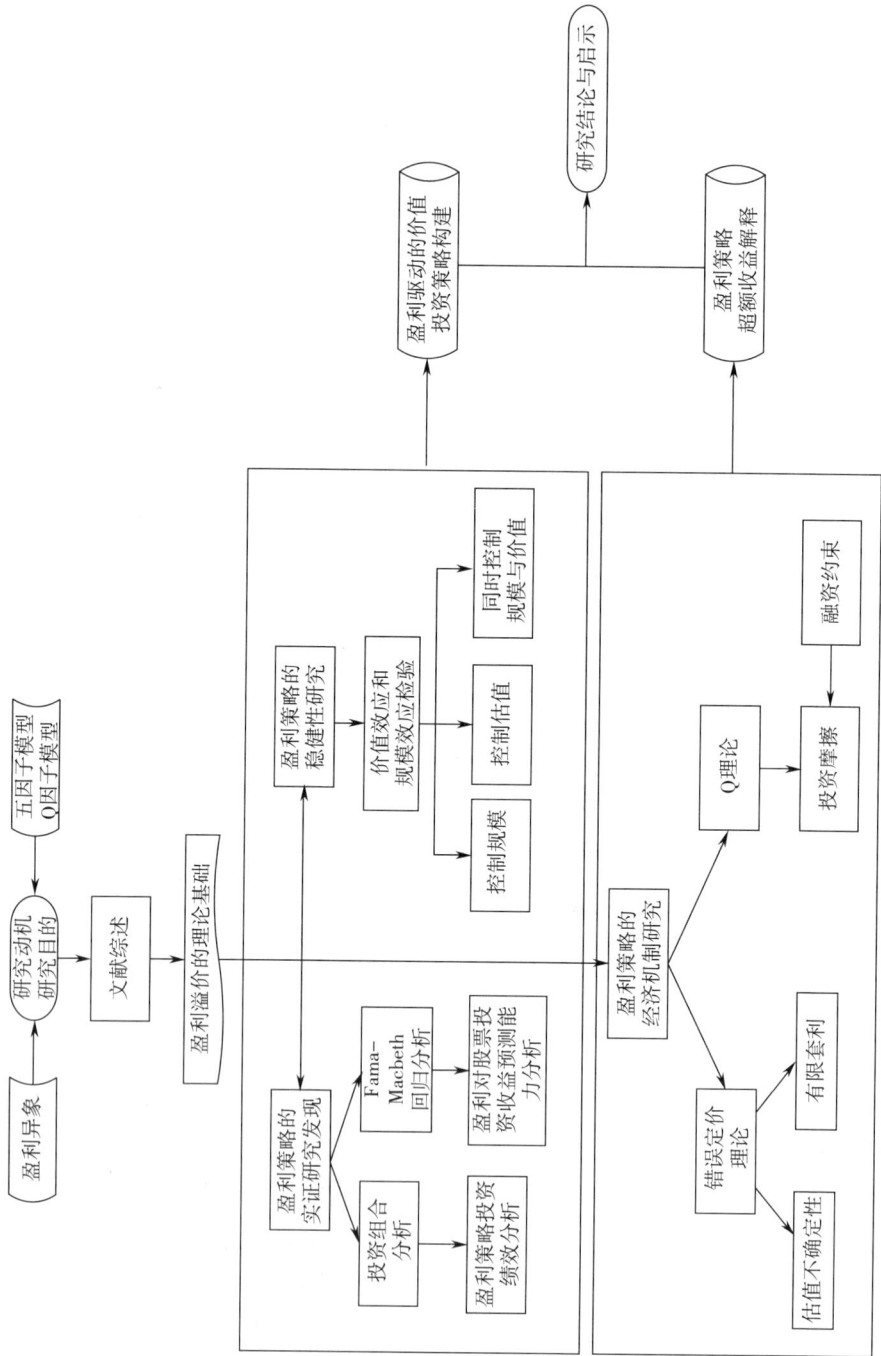

图1-2　研究思路图

无几。本文采用多种代理变量刻画公司盈利，在中国股票市场中对盈利溢价效应进行了系统性的检验，构建由盈利驱动的价值投资策略，有效弥补了上述研究空白。

第二，丰富了价值投资策略的内涵。经过梳理国内外价值投资策略的文献研究可以发现，目前学术界已有价值投资的实证研究多集中于仅依靠估值指标选股的传统价值投资策略，近几年的前沿研究中方才开始关注基于公司盈利等品质特征构建投资策略，更鲜有将二者结合考虑，即联合估值与盈利进行股票筛选的投资策略研究。本文在价值投资的新兴领域深入挖掘符合股票估值模型的本源，并通过在盈利策略的基础上进一步控制规模因子和账面市值比因子，构建了"规模—估值—盈利"三维联合选股体系，发现在 A 股市场中投资盈利水平出色、成长性优异的大盘股，可以获得良好的投资表现，这在一定程度上拓展了价值投资策略的外延，丰富了价值投资策略的内涵。

第三，多维度出发构建投资策略。现有研究在构建投资策略时多为仅仅依靠单一指标或选股体系，缺少对于策略的稳健性检验以及不同准则投资表现间的横向比较，因此角度相对单一、分析较为片面。然而本文的研究克服了这一缺点，基于中国市场的数据，本文在构建盈利驱动的价值投资策略时，尝试利用多种衡量公司盈利的代理变量，在多维度下更加全面、客观、系统性地衡量了盈利性，并直观地展现了不同盈利评价准则下的投资组合绩效情况。同时，经过精细的实证研究设计，对于所研究策略进行了全面深入的稳健性检验，增加了研究结论的说服力。

第四，解释了盈利溢价的超额收益来源。国内目前有关市场异象的大部分研究主要针对变量溢价效应的测度，以求寻找到业绩更加突出的投资策略，而对策略获取超额收益的本质原因探究方面所做工作较少，即仅仅关注异象变量本身、更加关注策略本身的投资绩效表现，而缺少对于异象超额收益来源的解释及策略背后起决定作用的运行机制方面的深层次探讨，重现象而轻本质的问题比较突出。本文在创新的同时实证检验了行为金融学的错误定价理论和新古典金融学的 Q 理论，进行比较研究分析，证明了 Q 理论可以有效解释中国股票市场上的盈利溢价效应，揭示了由企业盈利驱动的价值投资策略背后的经济学逻辑与作用通道，为 A 股市场的投资实践提供了强有力的理论支撑。

此外，值得一提的是，本文是首篇在中国市场的环境中，采用微观公司层面的数据，发现了最新 Q 理论可以对盈利溢价效应进行合理解释的实证研究。而将样本放大至整个世界范围内，在现有研究中，仅有 Sun、Wei 和 Xie（2014）同样找到了 Q 理论对于盈利溢价有效作用的证据，但是该研究主要针对发达国家或地区的市场，并采用国家层面的数据（如金融发展、政治风险等代理变量），然而 Q 理论在解释盈利溢价时主要起作用的企业投资摩擦渠道更多是来自与公司层面特征相关的影响而并非国家层面的累积效应。本研究在实证检验过程中选用了公司规模、分红、融资约束指数以及反映中国市场独有特征的产权性质等公司层面的变量，能够更好地诠释投资摩擦程度，因此本文的研究给出了更为直接的支持性证据。

（二）本文的不足

本文的研究尚存在如下有待改进之处：在实证检验盈利溢价的存在性方面，没有单独进行盈利溢价的国别比较研究。作为最主流的成熟资本市场和市场异象研究的标准环境，美国市场中的盈利溢价效应主要由错误定价理论驱动，这与中国市场的情形存在较大差异，可以考虑加入中国与美国市场在相同样本时期中的盈利溢价效应比较分析，从而探究中国市场与成熟资本市场在市场特征、投资者结构以及盈利溢价决定因素等方面的差异性。

第二章

文 献 综 述

第一节　传统价值投资研究

一、价值投资策略的概念

价值投资策略这一概念最早由本杰明·格雷厄姆在其1934年出版的《证券分析》中首度提出，随后在1949年问世的《聪明的投资者》中得到进一步诠释。上述两部著作被视为价值投资领域的奠基性著作，具有里程碑式的意义。格雷厄姆也由于最早确立了现代证券分析的框架准则，为广大投资者详细阐述了价值投资思想的精髓，而被尊称为"价值投资之父"。

在《证券分析》中，格雷厄姆诠释了价值投资的核心理念，给出了投资安全性的分析策略，并明确区分了投资和投机行为。价值投资策略的最本质概念就是投资者通过对公司股票内涵价值进行估计，将其与当前市场价格进行比较，当评估发现某只股票的市场价格低于其内涵价值，且能够获得足够的安全边际，就应当选择买入该只股票，其中公司未来的盈利能力决定了股票的内涵价值，非理性因素引起的股票价格偏离都是暂时的，股价最终会恢复至内涵价值水平，届时投资者可以获得收益。这一价值投资策略的概念在后来的理论研究和实践操作中不断发展完善。但是，根据公司基本面信息估值，审慎择时后，以合理的价格买入目标股票来获取超额投资收益的核心思想一直得以传承。同时他指出：理性的投资是一种通过严谨分析研究，期望保本并能够获得满意收益的行为，而不符合这些条件的行为就是投机。前者需要进行缜密科学的数量分析并敏锐地捕捉机会，而后者则更多地是依靠自身直觉或者臆测来进行判断。因而投资者择时寻找合理的价格构建组合,而投机者则依靠股票价格在较短时期内的震荡趋势来获利。

格雷厄姆在其另一著作《聪明的投资者》中,主要针对个人投资者介绍了价值投资策略所需的分析框架和工具,并提出了筛选价值型股票的原则:(1) 合适的企业规模;(2) 健康的财务状况:流动比率不低于 2;(3) 稳定的盈利:企业过去连续 10 年均盈利;(4) 企业过去连续 20 年均有分红;(5) 每股收益(EPS)在过去 10 年中至少增长了三分之一;(6) 市盈率(Price/Earnings)不得超过 15;(7) 市净率(Price/Book Value)不得超过1.5。仔细剖析这七条重要指标,可以发现该体系正是由两大维度——盈利与估值共同构成,前五条指标与公司盈利情况密切相关,形成了对公司盈利的衡量标准——"格雷厄姆品质评分"(Graham score)[①];而后两条则反映了公司的估值,尽管在之后的版本中具体指标的标准与阈值随着市场变化不断在进行调整,但是该选股指标体系的核心思想并没有变化。

价值投资策略的概念自 20 世纪 30 年代初被格雷厄姆首度提出以来,就一直受到学术界的高度关注。格雷厄姆的价值投资概念得到了学术界的普遍认可,不少学者研究发现投资者通过采用价值投资策略可以获得超额收益。任意一只股票同时具备内涵价值和市场价格,股票的市场价格会由于市场供求关系的变化而波动,但随着时间的推移,最终股票价格会回归于其真实价值——内涵价值。因此投资者通过对不同公司的股价和内涵价值背离程度的分析,买进股价低于内涵价值达到一定程度的优质公司股票,通过追求更大的安全边际[②]来降低投资风险,从而可以获得更高的超额收益(Dreman,1977;Reinganum,1981;Rosenberg、Kenneth 和 Ronald,1985;Lakonishok、Shleifer 和 Vishny,1994)。

迄今为止,价值投资策略在资产定价研究领域与成熟资本市场实践中均已经历了几十年的发展演进,持续接受市场的考验,已被大量研究证明有效并成为一种被广为认可的主流投资风格。在价值投资核心概念的基础上,大批学者从公司的基本面出发,对策略的广度与深度还在继续挖掘与思考,旨在为投资

---

① 格雷厄姆品质评分(Graham score):该企业品质的评分体系由五个二元变量构成,当企业的流动资产为流动负债的 2 倍时,当企业的净流动资产大于其长期负债时,当企业过去连续 10 年均获得正的净利润时,当企业过去 10 年中每年的分红以及股票回购之和始终为正值时,当企业的每股收益(EPS)在过去 10 年中至少增长了三分之一时,则每个变量的取值均为 1,否则取值为 0。

② 安全边际是指股票的内涵价值与市场价格的顺差,反映了股票价值与价格相比被低估的程度或幅度,一般情况下,股票的安全边际越大,投资风险越小,预期投资收益率越高。

者捕捉股票超额收益提供更加有效的实践指导。

二、股票市场异象与价值投资

风险资产的定价是金融学研究的核心问题之一，在资本市场中，市场对资本的供求关系决定了资产的价格，而资产价格直接决定了资产与资本的配置。Markowitz（1952）提出了证券组合理论，最早采用风险资产的期望收益率和衡量风险的方差来探讨资产组合和选择问题，开启了现代资产组合理论（Modern Portfolio Theory，MPT）的时代。在此基础上，Sharpe（1964）、Lintner（1965）和 Mossin（1966）分别独立地提出了资本资产定价模型（Capital Asset Pricing Model，CAPM），该模型指出决定股票期望收益率的唯一因素是系统性风险 β，且二者呈正向的线性相关。在该模型的假设条件下，并且要求市场完全有效，则股票期望收益率符合上述线性关系。Fama（1970）对前人关于"有效市场假说"的研究进行了集大成性的总结和深化，提出了全面的有效市场假说分析框架，并明确给出了有效市场的定义——"价格总是'充分'反映可获得信息的市场是'有效'的"。同样在有效市场理论的基础上，Ross（1976）提出了套利定价理论（Arbitrage Pricing Theory，APT），对于 CAPM 进一步拓广，指出股票投资收益与一系列产业方面和市场方面的多因素之间存在（近似的）线性关系。

CAPM 模型为业界投资者提供了一个最初的、形式简洁的基准性模型作参考来评估投资绩效，即某个投资组合的实际投资收益与根据 CAPM 预测或者说是经 β 调整后的应得收益不一致，二者之间的差值就是 α（阿尔法收益）。因为基于 CAPM 的预测，在市场完全竞争等假设前提下，任何资产的超额收益即 α 均为 0，而出色的投资者可以创造显著为正的 α。但是随着金融市场的不断深入发展、金融产品创新层出不穷，资产价格的变化情况也更加错综复杂，在业界，投资者需要更加成熟而精致的模型为其作投资决策时提供科学的依据。在学术界，自 20 世纪 80 年代起，随着实证研究的不断深入，大量无法用 CAPM 模型解释的现象被学者发现，例如价值溢价效应（Rosenberg、Reid 和 Lanstein，1985）、规模溢价效应（Banz，1981）、动量效应（Jegadeesh 和 Titman，1993）等，这类有悖于经典模型的现象被统称为股票市场异象（anomalies）。市场异象的发现表明股票价格的变化并不能完全依靠经典资产定价理论去解释，学者开始关注各类异象变量（anomaly variable）与横截面股票收益之间的关系。

因此在研究初期，包括价值溢价现象在内的，无法用 CAPM 来解释的市场溢价效应均被称作股票市场异象。1993年,法玛(Fama)和佛伦齐(French)经过对 CAPM 模型及有效市场理论检验和质疑的相关研究进行一系列梳理之后,在原有 CAPM 模型市场因子的基础之上,加入了账面市值比因子和规模因子,提出了著名的三因子定价模型。该模型在资产定价实证研究领域具有里程碑意义的影响,它的出现解释了当时研究发现的包括价值溢价效应、规模溢价效应等在内的一系列股票市场异象,并为价值投资的实践者提供了科学性的理论支撑,且该模型中定价因子的构建本身就蕴含了套利投资的思想——通过构建多空对冲的零成本投资组合(理想状态下)来捕捉超额收益。自此之后,学者们在判定和检验股票市场异象、衡量超额收益的基准时开始普遍采用 Fama - French 三因子定价模型,三因子模型取代了 CAPM 成为了学术界权衡风险与收益的新标准,投资于不同股票所获超额收益的差异来源于对于市场、估值和规模三大风险的载荷程度的差异。

随着实证研究的深入,三因子模型被证明依然无法刻画市场上发生的所有变化,最近二十年中,新的市场异象继续被发现,持续受到来自学术界专家和业界投资者的高度关注。对于理论界而言:股票异象一方面反映了现行资产定价模型的不足;另一方面,它们为学者剖析资产价格的形成机理和变动规律提供了新的切入点和视角,督促学者研究探寻新的定价因子,甚至是构建全新的资产定价理论模型,以求对市场现行大部分异象实现更具一般意义和普适性的解释,这也是推动现代金融理论不断向前的原动力之一。而对于实务投资而言:新的异象变量可以引导投资者构建全新的投资策略,且由于不同异象所属大类不同,投资者可以根据自身的风险偏好和收益预期差异来构建不同风格的投资策略。对于价值投资者而言,与公司基本面信息相关的股票异象变量,例如近几年国际前沿研究集中关注的盈利异象,可以为其丰富投资策略内涵、预测股票收益、获取更出色的投资表现提供新的理论指导。

三、传统价值投资的理论演进

无论是从理论研究的源流梳理,还是从实务投资的策略演进,传统型价值投资策略的关键点都是在比较评估企业的内在价值与当期价格水平,对公司未来创造的现金流进行尽可能精确的预测并贴现到当期,即可得到公司股票的内在价值。通过进行有效的股票估值,投资者设法买入当前由于在短期内受到市场中各类因素影响所引起的估值水平相对较低的股票,并预期未来股价会逐步趋同于其合理内涵价值,从而实现投资回报,因而在传统价值投资策略范畴中,企业估值指标是进行股票筛选的核心代理变量。在企业的估值指标中,账面市值比和盈余价格比是最早被发现的可以进行股票横截面收益预测的市场异象变量，二者的倒数分别为市净率和市盈率，逐渐演变成为传统价值投资者构建组合时的最常用选股指标，用于反映股票的相对估值状况。

（一）账面市值比对于股票投资收益率有显著的解释作用

大量资产定价的实证研究表明，价值溢价效应是最早被证明存在的质疑CAPM 模型解释力度的股票市场异象之一。Rosenberg、Reid 和 Lanstein（1985）研究发现，相比于低账面市值比的股票，投资拥有高账面市值比公司的股票更可能获取超额收益，证明了账面市值比（Book Value/Market Value，B/M）可以捕获股票横截面收益变化的部分信息，即股票横截面收益与账面市值比存在正向相关关系，这被称为"价值溢价"现象（value effect）。

伴随着价值溢价效应的发现，早期形成的经典价值投资策略，主要依靠单一指标对于海量公司进行排序筛选，建立投资组合，而账面市值比是传统价值投资策略最常用的选股指标，主要用来衡量企业的相对估值水平。Reinganum（1981），Rosenberg、Kenneth 和 Ronald（1985）及 Fama 和 French（1992，1993）的研究先后证明了账面市值比（B/M）与股票预期投资收益率存在正相关关系，即 CAPM 模型中的 β 系数并非决定股票收益率的唯一因素，股票投资存在价值溢价现象，依靠账面市值比可以对投资收益进行预测。

在股票价值溢价效应被发现的初期，其存在性受到了不少质疑，例如，有学者认为，价值溢价现象是研究过程中数据挖掘和统计操作造成的结果，是只在特定的数据选取期间和针对特定的市场样本（如美国市场）才存在的现象，并不具备普适意义（Black，1993；Mackinlay，1995）；Kothari、Shanken 和 Sloan（1995）研究也认为，利用账面市值比排序构建投资组合的过程中，容易发生选择性偏差（selection bias），这才是造成价值溢价的主要原因。

然而后来，不断有学者用新的研究论证了价值效应的存在性和普遍性。Chan、Hamao 和 Lakonishok（1991）证明了在日本市场中，账面市值比对于股票预期收益的预测能力，二者呈同向变动。Fama 和 French（1998）更是将研究样本涵盖了世界范围内的 13 个主要股票市场（包括美国、英国、德国、法国、日本、意大利、瑞典、瑞士、比利时、荷兰、澳大利亚、新加坡和中国香港），研究发现价值型股票可以获得超额收益，价值溢价在上述样本国家和地区中显著存在，并且国际范围内的 CAPM 模型并不能对此作出解释。因此，大部分学者研究表明，将样本范围包括美国之外的其他市场，或者将样本时间拉长之后，价值溢价现象仍然显著存在，即该效应是一个在不同时间段、不同市场中均普遍存在的市场异象。学术界研究的佐证同时推动了价值投资理念在实务投资领域的应用，账面市值比成为传统价值投资策略中最主要的选股指标。

Fama 和 French（1993）提出的三因子模型中高账面市值比公司的投资组合与低账面市值比公司的投资组合的收益之差定义为价值因子（HML），这在理论上给出了经典的价值投资套利策略——通过持有高账面市值比公司的投资组合同时做空低账面市值比公司，可以为投资者带来正的超额收益，且强调这种价值投资策略对于小规模市值公司效果更加显著。后来，在实务投资领域，账面市值比的倒数被定义为股票的市净率指标，作为判断公司相对价值高低、股票价格长期走向的重要依据。一般投资经验认为：账面市值比越高，即市净率越低的股票，其投资价值越高，股票的账面价值反映了公司的净资产账面价值（公司投入成本），而股价为市场上交易的结果反映，当股票价格高于净资产时，可以在一定程度上反映企业自身资产质量相对较好，有一定发展潜力，投资风险较低。

（二）盈余价格比对于股票投资收益率具有解释作用

盈余价格比是指公司每股盈余与股票价格之比，与账面市值比类似，盈余价格比（E/P）也是最早被发现的股票市场异象之一，作为质疑有效市场假说成立的重要证据存在。高盈余价格比与预期股票投资收益的正相关关系最早由经济学家巴苏（Basu）于 1977 年发现，Basu（1977）利用 1957 年到 1971 年间美国股票市场的数据，实证研究发现高盈余价格比的股票投资组合获得的收益显著高于低盈余价格比组合的收益，在考虑了交易成本、税收和风险等因素之后，该结论依然成立，证明了市盈率在捕捉股票横截面收益变化时比 CAPM 模型的 β 系数的能力更强，即盈余价格比的信息并没有完全反映在股票价格之中，为价值投资者进行公司基本面信息分析、预测股票收益提供了重要依据。Reinganum（1981）在检验 CAPM 模型时也得到了与 Basu 非常相似的结论。在之后的研究中，有不少学者实证研究发现高盈余价值比的价值型股票可以获得更高的超额投资收益，证明了盈余价格比可以解释股票横截面收益的变化情况（Jaffe、Keim 和 Westerfield，1989；Chan、Hamao 和 Lakonishok，1991；Fama 和 French，1992；Lakonishok、Shleifer 和 Vishny，1994）。

在后续的实证研究中，更多的证据表明盈余价格比与预期超额投资收益间存在正向相关关系，证明了盈余价格比可以用于解释股票横截面收益的变化情况。因此盈余价格比与账面市值比共同成为衡量股票"价值溢价"异象的重要代理变量。Goodman 和 Peavy（1983）在考虑行业因素影响之后，依然得到了同样的结论，即高盈余价格比的股票可以获得更高的超额投资收益，并指出该效应存在的原因并不仅仅是由于公司的高盈余价格比本身，还受到小市值公司效应和股票的非经常性交易的影响。Fama 和 French（1992）利用 1941—1990 年美国股票市场数据，在经典 CAPM 模型基础上，加入了账面市值比、盈余价格比、公司规模和财务杠杆因素，其中除了 β 系数外，其余因素对股票投资收益均有显著的解释力度，相比之下，盈余价格比的解释能力弱于账面市值比和公司规模。Lakonishok、Shleifer 和 Vishny（1994）研究指出可以利用盈余价格比来区分价值型股票和成长型股票，而高盈余价格比的价值型股票可以获得更高的超额投资收益是来自于投资者对于此类公司的盈利预期出现了系统性的偏差。

由盈余价格比衡量的价值溢价现象最初在美国证券市场中被发现，但同样不仅仅局限于美国市场，随着实证研究的不断深入，来自不同市场中的证据被不断发现，证明盈余价格比溢价是一个普遍存在的市场异象。例如，Chan、Hamao 和 Lakonishok（1991）给出了来自日本市场的证据；Liu、Nissim 和 Thomas（2002）的研究样本包含了世界 10 个主要国家的资本市场，在更加广义的背景下证明了公司相对估值指标对于股票价格的预测能力，实证研究发现，相比于账面市值比和销售市值比，盈余价格比对股票横截面收益的预测效果更好；Fama 和 French（1998）将研究样本扩大到了 13 个世界主要国家和地区的股票市场，给出了价值溢价显著存在的支持性证据。

在实务投资领域，盈余价值比很早就用于了投资实践之中，其倒数被命名为"市盈率"，被投资实践者视为衡量公司实际价值的重要相对估值指标，用于衡量股票价格偏离其内涵价值的程度。市盈率指标最早由价值投资之父本杰明·格雷厄姆在其经典著作《证券分析》中首次提出，用来反映公司股价的相对估值水平，主要由市场环境、投资者预期和公司的盈利能力决定。随着价值投资理念的发展，市盈率作为区分价值股和成长股的核心标准之一，是构建传统价值投资策略的重要选股依据，投资者可以根据市盈率的数值大小来选择处于被相对低估状态中的价值型股票进行组合构建。

（三）小结

总结来看，传统价值投资策略的核心思想就是买入相对于其内在价值被低估（undervalued）的"便宜"股票，而内在价值由公司的基本面来决定。已有研究发现的各类重要市场异象指标，账面市值比（B/M）、盈余价格比（E/P）、现金流与价格比（CF/P）、销售价值比（Sales to Enterprise value，S/EV）等指标均主要与股票的估值密切相关，可以很好地帮助投资者选择价格便宜的股票，实证研究发现，通过价值投资策略构建的投资组合在长时间内投资收益优于由历史业绩突出、市场预期良好的明星股票构建的组合，且这一现象在熊市时表现更为明显。但是传统价值投资的选股指标对于公司基本面的特征信息提供有限，因为如果投资者将全部精力放在选择价格便宜、明显被低估的股票来投资，很有可能选出的是品质较差、增长前景暗淡的劣质公司，尽管其同样处于被低估的状态，选择这样类型的公司股票构建投资组合并不能为投资者带来良好的收益。

第二节　盈利溢价效应与价值投资

一、价值投资最新内涵

关注近几年关于资产定价实证研究领域的前沿动态可以发现，基于企业品质和盈利性的市场异象成为一个主要研究热点，不同异象代理变量的发现为股票投资策略创新提供了很多新的启发。随着研究的深入，有学者开始意识到传统价值投资策略（主要依赖相对估值指标）的局限性，不再仅仅盯住衡量公司股票价值的估值指标，而将重心放在了研究公司的品质水平之上，研究公司的盈利水平、盈利质量等基本面信息对于股票预期投资收益的解释情况。这为价值投资策略开启了新的切入点，即基于盈利信息构建的投资策略成为价值投资思想的最新内涵（Norvy – Marx，2013）。

通过梳理较新的文献可以看出，由于公司品质是一个笼统而抽象的概念，许多学者的实证研究致力于寻找可以刻画公司盈利的代理变量，形成了不同的公司盈利评价标准，因此，充分考虑盈利溢价效应，投资于高盈利公司也逐渐成为价值投资领域的一个新方向。由于出发点的迥异，学者们关于刻画盈利性所采用的方法可谓莫衷一是，研究发现了不同的代理变量和遴选标准，为价值投资者提供了多样化的实践引导。同时，关注自 2014 年起近三年的前沿文献可知，有学者开始将盈利突出的优质公司投资与估值导向的传统价值投资策略进行比较研究，并尝试将以上两种思想进行融合，即在投资组合构建时同时考虑公司的品质与估值进行联合股票筛选，这代表着价值投资策略的一次新的融合与发展，在传统价值投资研究的基础之上，显著拓宽了价值投资思想的外延。通过同时考虑盈利因子和估值因子，可以帮助投资者选择到价格合理同时品质优秀的公司来构建投资组合，实现更加出色的超额收益，这为价值投资策略打开了一个新的维度，成为价值投资领域的一个前沿研究领域。

Piotroski 和 So（2012）在 Piotroski（2000）经典股票财务水平多元评价标

准 F – score（即"皮氏选股准则"）的基础上进行拓展，兼顾考察公司估值与盈利能力，用 F – score 来评价公司的综合财务表现，而用账面市值比来区分价值股和成长股，实证研究结果显示，拥有基本面表现优异和估值相对较低的投资组合表现最优。在美国市场中，纯多头投资组合的年平均投资收益率达到 8.26%，而多空对冲投资策略的年均收益率为 22.64%，该投资业绩比单纯考虑财务质量或估值高低（区分成长股和价值股）构建的投资组合都要出色，并指出这一收益特征主要是由于投资者对于企业过去财务情况的系统性预期偏差而引起的错误定价现象，并且该收益趋势在高投资者情绪（investor sentiment）阶段更加突出，而对于基于风险补偿理论的解释提出了质疑。

Novy – Marx（2013）实证研究发现，毛利资产比（GPA）可以很好地刻画企业盈利能力，基于 GPA 对股票横截面收益预测和账面市值比几乎具有同样高的预测力度，可以依据 GPA 构建盈利定价因子。实证研究发现，根据 GPA 构建的投资组合可以对根据 B/M 构建的投资组合进行良好的对冲，扩大了投资者的投资机会集合，当联合考虑 GPA 和 B/M 构建选股策略时，可以显著增强投资组合的收益率并降低整体风险水平和最大回撤比率，并且在控制行业和企业规模之后，该投资策略依然非常稳健。

Asness、Frazzini 和 Petersen（2014）充分分析了预测股票横截面收益的经典异象变量，在整合现有市场异象研究的基础上，创建了一个全新的多维选股体系——"品质评分法"（quality score），通过品质评分的高低构建多空对冲投资策略，可以在世界主要发达国家（地区）市场的样本中获取超额收益。而这里的公司"品质"具体被量化为了 21 个评价指标，从盈利性、成长性、安全性等多个视角来评价公司，其中的盈利性和成长性主要涉及考察公司的盈利大小和财务质量，以及长期增长潜能；而安全性则关注公司的杠杆、风险（包括总风险和异质风险）以及估值水平，同样是将公司的盈利性、成长性与估值水平融合在一起，从而定义了更为广义的高品质公司评估体系，为价值投资实践提供了强有力的理论指导。该文甚至大胆预测，公司"品质"很有潜力成为一个新的风险因子进入未来的资产定价模型，在其他条件不变的情况下，具有高盈利性、高成长趋势、稳定和优良管理能力的高品质公司可以为投资者带来更高的预期收益，并且"品质"因子在实证方面和价值因子、动量因子互为补充，相互组合使用可以显著增强投资收益，形成更加有利的策略，这正是通过配置定价因子来构建投资策略的实际应用，即通过"因子投资"来战胜市场（Andrew Ang, 2014）。

二、盈利溢价效应相关理论

（一）盈利具有显著的股票收益预测能力

Piotroski（2000）构建多维模型实证研究发现：优质公司一般具有更强的资产收益率和营运现金流、更好的杠杆和流动性指标以及更高的资产周转率等特征，投资此类公司更有可能获得高的收益。Piotroski 将这些有关公司的基本面特征归纳为"皮氏选股准则"（Piotroski's F - score）[①]，通过加权评分的方式来衡量公司财务状况的整体强弱和质量情况。这是在学术界，首次有实证研究证明公司的盈利水平对于股票预期收益有正向预测效力，投资者通过分析企业盈利信息进行股票收益预测，投资盈利出色公司相比盈利平庸公司可以获得显著更高超额收益的现象即为盈利溢价效应（profitability premium）。紧接着，Cohen、Gompers 和 Vuolteenaho（2002）以及 Griffin 和 Lemmon（2002）的研究也进一步证明了上述结论。

投资高盈利性的优质公司可以获得更好的预期投资收益从直观上看似乎符合认知常理，但在较早期的研究中，盈利性对于股票投资收益的影响效力并没有得到学术界完全的认可，相关学者对于公司盈利水平在预测横截面收益方面的结论相对比较保守。Fama 和 French（2006）基于绝对估值理论，研究发现，作为衡量企业盈利水平的典型性指标，净资产收益率（ROE）与股票横截面预期收益之间存在正相关关系，但是其实证分析结果存在一定的分歧：在横截面回归结果中显示，企业盈利与股票预期投资收益正向相关；而在投资组合分析的过程中表明，当构建投资组合时控制了规模和账面市值比这两个因素后，企业盈利性在对投资收益预测方面几乎不能提供额外的有价值信息。Fama 和 French（2008）同样给出了类似的结论，在控制了公司估值因子和市值规模因子后，盈利性在预测股票横截面收益时并不具有显著的效力。

最近几年，资产定价实证领域的前沿研究开始集中关注盈利性对于股票横

---

① 皮氏选股准则（Piotroski's F - score）：该评分体系由 Piotroski（2000）提出，主要用于衡量公司的财务实力和盈利品质，从而用于筛选优质公司。该体系由 9 个二元变量构成（二元变量取值为"0"或者"1"，其中"0"表示脆弱，"1"表示强劲）。前四个变量为盈利信号指标：当企业具有正的资产收益率（return on assets，ROA）、正的经营性现金流（cash flows from operations，CFO）、增长的 ROA（$\Delta ROA > 0$）、负的应计项目（accruals），则四个盈利信号指标的取值均为 1；之后的三个变量为流动性信号指标：当企业具有降低的长期负债比率（ratio of long - term debt to total assets）、增长的流动比率（current ratio）且没有新股票发行时，则三个流动性信号指标的取值均为 1；最后两个变量为效率指标：当企业具有增长的毛利率（gross margins）和增长的资产周转率（asset turnover）时，则两个效率指标的取值均为 1。

截面收益变化的捕捉能力，盈利溢价现象成为近两年学术界最热点的实证研究问题之一。Novy‐Marx（2013）发现了一个全新的盈利品质代理变量——毛利资产比（gross profit to assets，GPA），可以很好地捕捉到股票横截面收益的变化情形，通过实证研究肯定了盈利水平对于股票投资收益的预测能力，指出毛利资产比同经典资产定价三因子模型中的价值型股票度量——账面市值比对于股票横截面收益具有近乎同等程度的解释力度，并通过稳健性检验进一步给出了更强程度的结论——毛利资产比可以解释绝大部分与利润相关的异象和大量其他领域的市场异象，可以成为股票定价因子。而在投资组合分析的实证结果表明，基于 GPA 构建的盈利投资策略在某种意义上具有成长型投资策略的特征，可以为传统价值型投资策略（基于 B/M 构建）提供良好的对冲效应，显著扩大了价值投资者的投资机会集合。Novy‐Marx 强调：在盈利性出色的高品质公司中，尽管部分公司可能具有低的账面价值比，它们依然可以获得出色的超额投资收益，而这一盈利溢价效应不仅在美国市场中适用，在国际市场样本[①]中同样有显著的体现，但值得注意的是，该研究的实证样本均为成熟市场，其中并不包括新兴经济体的股票市场。

　　毛利资产比相比于资产收益率、股东权益收益率等衡量公司盈利品质的变量，最大的特点莫过于是指标中分子项毛利的相对"纯净性"，因为在损益表中，越向下延伸的科目，衡量盈利的指标就越可能会被人为处理或者粉饰，它们与企业经济意义上的真实盈利水平关系也越低。Sun、Wei 和 Xie（2014）使用了包括 41 个国家的国际市场样本，证明了在绝大多数国家中，以毛利资产比衡量的盈利性与股票预期收益正相关的长期趋势均显著存在，并且这种盈利溢价效应在投资摩擦程度更低的市场中表现得更加明显。Ball et al.（2014）的研究主要针对在美国市场的环境中，同样验证了毛利资产比对于股票预期收益的良好解释力，并强调 GPA 比 ROE 的预测能力更出色不仅仅由于指标的分子项毛利在会计科目上的"纯净性"，二者分母项间的差异同样非常重要，而在驱动因素方面，该文指出基于 GPA 的盈利溢价现象并不能用非理性的错误定价理论来进行解释。

　　（二）盈利成为最新资产定价因子

　　随着近几年与公司基本面因素相关的市场异象陆续被发现，股票定价模型

---

　　① Novy‐Marx（2013）的国际市场样本（美国除外）包括 19 个发达国家和地区的资本市场：澳大利亚、奥地利、比利时、加拿大、丹麦、芬兰、法国、德国、英国、中国香港、意大利、日本、荷兰、新西兰、挪威、新加坡、西班牙、瑞典和瑞士。

的研究也有了重要突破，学者陆续将构建股票定价因子的研究重心转向了企业自身投资和企业盈利性上，研究发现股票预期投资收益的很多变化与企业资本投资和企业的财务状况、盈利能力等因素相关；而这些近十年里新发现的市场异象并不能套用经典的 Fama 和 French（1993）三因子定价模型、Carhart（1997）四因子模型[①]来解释（Titman、Wei 和 Xie，2004；Liu、Whited 和 Zhang，2009；Aharoni、Grundy 和 Zeng，2013；Novy – Marx，2013），因此建立新的资产定价模型就迫在眉睫。

在新古典主义金融学的投资 Q 理论（Q – theory of investment）基础上，Li、Livdan 和 Zhang（2009）从理论和实证两方面研究发现企业投资和盈利是影响股票横截面收益变化的核心驱动因素，投资与平均收益负相关，而盈利与平均收益正相关。Hou、Xue 和 Zhang（2015a，2015b）正式将投资与盈利确立为股票定价因子，构建了一个全新的 Q 因子定价模型，该模型包含四个重要的定价因子，分别为市场因子（MKT）、规模因子（r_{ME}）、投资因子（$r_{I/A}$）和股东权益收益率因子（r_{ROE}），其中投资因子通过低投资组合收益减去高投资组合收益构建，而盈利因子为高 ROE 组合收益减去低 ROE 组合收益，ROE 被用于直接刻画企业的盈利能力，具体定价模型如下所示，其中 $E(MKT)$、$E(r_{ME})$、$E(r_{I/A})$、$E(r_{ROE})$ 分别为各因子的预期溢价。

$$E(r^i) - r^f = \beta_{MKT}^i E(MKT) + \beta_{ME}^i E(r_{ME}) + \beta_{\frac{I}{A}}^i E(r_{I/A}) + \beta_{ROE}^i E(r_{ROE})$$

在稳健性检验中，Hou、Xue 和 Zhang（2015a）主要关注了目前资产定价领域在动量、价值、投资、无形资产、交易摩擦等主要领域的 80 个市场异象变量，实证结果显示 Q 因子模型可以解释其中的绝大部分变量的溢价现象。

无独有偶，在同一年中，Fama 和 French（2015）在其文献中提出了资产定价五因子模型，在其经典三因子模型的基础之上加入了投资因子和盈利因子，模型形式如下所示，其中投资因子（CMA）是由保守投资企业的组合收益与激进投资企业的组合收益之差生成，而盈利因子（RMW）是由高盈利公司构成的投资组合收益与低盈利公司构成的投资组合的收益之差得到。该模型表明，企业投资与股票超额收益负相关，盈利性与股票超额收益正相关，与 Q 因子模型的结论完全一致。

[①] Carhart 在 1997 年提出的股票定价四因子模型是对 Fama – French 三因子定价模型的拓展，在其三因子的基础上加入了动量因子（momentum factor）。动量因子描述了企业股价的动量异象，即如果企业在过去一段时间内（通常认为是 12 个月）股价持续上涨（下跌），则该企业股价有继续上涨（下跌）的趋势。动量因子（UMD）是由过去表现最好股票的投资组合回报与过去表现最差的投资组合回报作差计算得到。

$$R_{it} - r_{ft} = \alpha_i + b_i(R_{Mt} - r_{ft}) + s_i\,SMB_t + h_i\,HML_t + r_i\,RMW_t + c_i\,CMA_t + e_{it}$$

Q 因子模型和 Fama – French 五因子定价模型的同年问世体现了盈利异象近几年在资产定价实证研究领域的受关注程度，盈利因素正式成为股票定价因子进一步肯定了盈利对于股票预期收益的预测能力。Q 因子模型是从经济的生产端——企业投资理论来研究公司特征与股票收益的关系，而五因子模型是延续了传统资产定价模型的研究范式，即在经济的消费端——投资者视角来寻找定价因子，但最终二者结论殊途同归，提出的最新定价模型在本质上非常类似。Hou、Xue 和 Zhang（2015b）在比较两大最新的定价因子模型时指出，五因子模型中保留的价值因子在数据和实证层面检验中是冗余的，而在解释市场异象方面，四因子模型尤其在捕捉价格、盈余动量以及盈余方面的异象具有更高的解释力度。此外，Fama 和 French（2015）在其实证检验中也承认，至少在 1963—2013 年的美国市场样本中，如果将五因子模型中的价值因子 HML 剔除后，整个模型的解释力度并没有明显变化，从侧面反映出价值因子的冗余性，但同时他们指出价值因子的保留与否有待于在国际市场范围的样本中进一步论证。

通过对两大前沿资产定价模型的对比分析可以为价值投资者提供如下理论指导：首先，价值因子重要性的降低佐证了基于估值指标（如 B/M）构建的传统价值投资策略已经很难获得非常出色的绩效；其次，盈利被正式确立为最新定价因子表明：投资者在构建新的投资策略时需要更多地关注公司的盈利水平、盈利质量等基本面因素，以求通过投资于高品质公司来获取超额投资收益。

三、盈利溢价的投资实践

在业界投资领域，迄今为止，公认最突出的实践者无疑是沃伦·巴菲特。作为全球最成功的投资家，巴菲特通过价值投资哲学和公司基本面分析为个人及其公司斩获了巨额收益。在 1976—2011 年超过 30 年的时间里，巴菲特的伯克希尔·哈撒韦（Berkshire Hathaway）公司的平均夏普（Sharpe Ratio）比率为 0.76，比同时期美国的任何一家共同基金所取得的夏普比率都要高，且多年来其投资的杠杆平均值为 1.6 倍，通过适宜的杠杆来放大投资回报，从而实现了长时间保持高额而稳定的平均收益率。巴菲特持续的投资高收益主要来自对价值投资策略的完美实践，通过合理杠杆的使用以及将资金投向被低估、安全、优质的上市公司股票。同时，有学者在对巴菲特的投资策略长期跟踪研究后发现，巴菲特最核心的投资方式之一便是在合适的时机（哪怕并非估值非常低的时候）购买高质量公司的股票。相比于在一个极低价格的时机买入一个品质平庸的公司，巴菲特更加倾向于在一个较合理的价格位置买入一个盈利优秀的公司（Frazzini、Kabille 和 Pedersen，2013），盈利在其选股体系中的作用可见一斑。

资产定价理论的完善与发展离不开实践的检验，学术创新与实务投资始终紧密结合，涌现出许多横跨学术界和实践领域的优秀人才。兰考内斯克（La-konishok）、施莱弗（Shleifer）和维什尼（Vishny）三位教授在 1994 年发表了其经典论文"Contrarian investment，extrapolation，and risk"的同年，共同成立了 LSV 资产管理公司（LSV Asset Management）。LSV 公司的核心投资理念是考察企业的财务能力与盈利质量，用数量投资模型选择盈利出色的绩优公司构建投资组合，而在作投资决策时并不会过多考虑市场时机（择时）问题。LSV公司成长迅速，投资收益突出，截至 2015 年底，其管理的资产组合价值近 840亿美元①。

类似地，作为价值投资理念的坚定倡导者和成功实践者，乔尔·格林布拉特在学术界和业界均取得了突出的建树。他曾经在美国价值投资理论的重要起源机构——哥伦比亚大学商学院任教，教授"证券分析"与"价值和特殊情况投资"两门课程，倡导格雷厄姆—多德的投资思想，其个人经历和投资理念与大师巴菲特颇有相似。格林布拉特最为人熟知和认可的成绩还是他创立的对冲基金哥谭资本（Gotham Capital）所取得的成功。哥谭资本创立于 1985年，在由格林布拉特担任首席投资官管理的 20 年时间里，即从 1985 年至 2006年，一直坚持价值投资理念，在几乎没有动用杠杆的情况下，基金资产管理规模从 700 万美元增长至 8.3 亿美元，平均年化回报率高达 40% 以上②，取得这样的成绩实属令人惊叹，这也使格林布拉特成为华尔街历史上最成功的对冲基金经理之一。

经过多年投资经验的沉淀，2006 年，格林布拉特完成了其专著《战胜市场》（Little Book that Beats the Market），该书在价值投资领域有很强的影响力。格林布拉特指出，投资者在筛选低估值股票的同时应当重视公司投入资本的利润率，提出了衡量企业品质的准则——格林布拉特品质标准。在具体选股时可以采用"神奇公式"（Magic formula investing）分析框架选股，即同时考虑公司的投资资本回报率（Return on Invested Capital，ROIC）和净收益率（Earn-

---

① 数据来源：http：//www.lsvasset.com/about－lsv。
② 数据来源：http：//www.bidnessetc.com/hedge－fund/JOEL－GREENBLATT/。

ings Yield，EY）进行排序筛选，EY 为股票相对估值指标，ROIC 为衡量公司盈利的代理变量，其核心思想简单概括就是用相对便宜的价格买入盈利能力足够优秀的公司股票。"神奇公式"的提出在业界引起了巨大的反响，它利用相对简洁的表现形式实现了将盈利与估值两大维度的巧妙结合，这无疑是该体系最大的吸引力。

在美国投资业界，芝加哥大学的影响力不言而喻，芝加哥大学商学院不仅拥有诺贝尔经济学奖得主——法玛这样的学术泰斗级人物，还输送了众多纵横学术研究和实务投资的优秀人才。1981 年，芝加哥大学商学院的两位 MBA 学生雷克斯·圣奎菲尔德（Rex Sinquefield）和大卫·布斯（David Booth）创立了 DFA（Dimensional Fund Advisors）公司。在创立初期，由于资金量小，DFA 主要关注小盘股和微型股票，后来当圣奎菲尔德和布斯在芝加哥大学的导师法玛提出著名的三因子模型后，DFA 迅速将其加以应用，确立为公司投资策略的核心理论基础，并推出了一系列价值导向极强的基金——主要通过筛选估值低且规模小的公司构建价值投资策略，获得了出色的业绩，到 2015 年 12 月底，该公司管理的资产规模已经高达 3 880 亿美元，投资表现在同行业中名列前茅[①]。DFA 非常重视学术领域的成果转化为投资实践，其投资顾问团队包括数位诺贝尔经济学奖得主，如法玛（Fama）、迈伦—斯科尔斯（Myron Scholes）。在盈利异象最初引起关注时，该公司在制定最新的价值投资策略时，就结合了学术界有关盈利溢价的最新研究成果，选股时除了需要考虑市场风险、公司规模、相对价格以外，公司盈利也被视为解释股票预期投资收益的另外一个重要维度，自 2014 年起，该公司使用毛利率资产比（Novy - Marx，2013）这一指标作为评估公司盈利性的代理变量，以完善其优质价值型股票的筛选体系（Trammell，2014）。

此外，法玛在芝加哥大学所培养的金融学博士阿斯尼斯（Asness）以及他创建的 AQR 资产管理公司也是价值投资思想的又一成功实践范例。早在阿斯尼斯做博士论文的阶段，他便投身于高盛并创建了该公司最早的量化投资团队，参与成立对冲基金——"全球阿尔法"。1997 年，经过了在高盛数年成功的经历，阿斯尼斯和几位同学以 10 亿美元的初始资本，创立了自己的对冲基金 AQR，将价值投资和价格趋势相结合的投资理念应用于股票、债券、指数、基金、期货、商品等各大类资产中，在不同空间中均获得了显著的阿尔法收益。AQR 目前是美国最成功的对冲基金，截至 2015 年 12 月底，AQR 的资产

---

① 数据来源：http：//www. us. dimensional. com/why - dimensional. aspx。

管理规模已高达 1 414 亿美元①。当然，AQR 的发展之路并非一帆风顺，2007年国际金融危机期间，其投资表现遭到重创，公司资产规模一度在 2009 年 3月暴跌至 172 亿美元，但是 AQR 一直坚持自身的投资哲学，迅速在危机后重新反弹，尤其是在近几年的投资更是异常出色。他们在构建策略时重视盈利溢价效应与动量效应并行，并对两者进行错配，始终致力于寻找能够长期产出高额回报的代理变量，同时在合适的时机进行趋势交易。类似于 DFA，AQR 公司内部同样拥有浓郁的学术氛围，阿斯尼斯（Asness）、弗拉兹尼（Frazzini）、彼得森（Pedersen）等多位公司合伙人的论文在顶级金融学期刊上发表，并将研究成果转化成了投资策略，取得了投资收益的成功，他们的量化投资风格也推动了"因子投资"的流行。

第三节　国内学者研究现状

从 1990 年底我国首次在上海成立证券交易所至今，我国的证券市场也仅仅走过了二十多年的发展历程，与之对应的是，我国学者对于市场异象与投资策略在中国市场的应用研究起步也较晚，基本从 21 世纪初才逐渐开始，总共只有十多年的历史。在此过程中，西方证券市场的现代投资理论逐渐被更多的国内学者关注，当然这也与国内市场有了相对较充足的实证数据样本基础这一客观条件有直接关系。梳理可知，国内学者的研究主要有以下几个特点。

一、市场异象主要针对估值指标

国内学者价值投资策略研究的理论基础主要基于经典资产定价模型，多数研究关注的市场异象变量与股票估值指标相关，属于传统价值投资理念的范畴。较早的研究主要围绕 Fama – French 股票三因子定价模型对中国股票市场的解释力度，有大量文章通过传统估值指标来检验中国市场的价值溢价效应。

早期的一些文献中，国内学者在对 Fama – French 三因子定价模型进行中国数据检验时，针对账面市值比对中国股票横截面收益的解释力度方面多持有肯定意见。陈信元、张田余和陈冬华（2001）采用 1996—1999 年的 A 股市场样本，研究发现，企业规模和账面市值比（B/M）对于预测股票收益有显著的解释能力，而 β 值与股票收益的关系并不显著。朱宝宪和何治国（2002）、

---

① 数据来源：AQR 公司官网（www. aqr. com）中的 AQR Firm Overview 部分。

吴世农和许年行（2004）实证研究发现了显著的账面市值比效应，指出市场风险、账面市值比和企业规模均是解释我国股票横截面收益变化的显著因素，且股票定价三因子模型比 CAPM 能更好地刻画股票收益的变化。

但是上述文献采用的数据均是中国股票市场早期的数据样本，时间跨度普遍不长。随着研究的推进，国内学者对于账面市值比效应的结论开始存有争议。在对于三因子模型的验证与扩展研究中：石予友等（2008）、王茵田和朱英姿（2011）研究发现账面市值比是解释中国股票超额收益率的一个重要因素；然而潘莉和徐建国（2011）在研究 A 股的风险因子模型时，实证研究发现账面市值比对于股票横截面投资收益的解释能力有限；田利辉、王冠英和张伟（2014）在实证对比了中美两国的三因子定价模型之后指出，中国股票市场存在规模效应，但是账面市值比溢价并不显著。

近些年来，学者在研究传统 Fama – French 三因子定价模型的基础上，开始关注更多的异象变量，部分学者甚至尝试提出适合中国股票市场的多因子定价模型，但整体依然围绕相对估值指标。韩其恒和于旭光（2007）实证研究发现，拥有高盈余价格比（E/P）和账面市值比（B/M）特征的股票投资组合可以获得更高的超额收益。潘莉和徐建国（2011）提出了中国市场的三因子模型，即市场风险、股票市值和盈余价格比，实证指出市值因子背后同时有风险因素和特征因素，而盈余价格比因子对回报率的影响仅与公司特征有关。王茵田和朱英姿（2011）更是构建了包括市场风险溢价、盈余价格比、账面市值比、现金流股价比、投资资本比、工业增加值变化率、回购利率和期限利差的八因子模型，旨在更全面地刻画中国股票市场的风险溢价。Lin、Wang 和 Cai（2012）利用 2000—2009 年中国股票市场的数据来检验 Fama – French 三因子定价模型的解释能力，对比分析由主成分分析法提取的投资组合、个股风险因子和 Fama – French 三因子本身，研究发现对于个股而言，仅有市场因子可以很好地捕捉个股风险，然而对于投资组合而言，三因子都是描述组合潜在风险水平的代理变量。

相比之下，在价值投资策略的前沿研究领域中，国内学者通过配置因子进行价值投资策略的研究还非常少，研究多集中于通过判断股票价值是否被低估的估值指标上，例如 B/M、E/P、CF/P、EV/EBITDA 等，鲜见有同时考虑企业的估值与盈利水平、组合构建投资策略，仅有个别学者做出初步尝试，例如，黄惠平和彭博（2010）通过净资产收益率（ROE）反映公司业绩，证明其对股票价格有较强的解释能力，并通过筛选 ROE 高和市盈率水平低的股票构建价值投资策略，可以显著战胜大盘。姚辉和武婷婷（2014）在 F – Score

（Piotroski，2000）的基础上，利用突变级数法构建了对于中国上市公司的财务状况基本面评分法，并与经典估值指标市盈率联合构成二元选股体系，实证检验了此价值投资策略的有效性，其超额投资收益可以随着组合持有期的增长而逐渐上升，但并未深入发掘所获超额收益的来源与背后驱动因素。

整体来看，我国学者对于价值投资策略在中国市场的实证研究主要集中于账面市值比（B/M）、盈余价格比（E/P）和现金流价格比（CF/P）等传统价值投资策略的股票收益异象变量，在不同时间段与研究样本的环境下检验价值溢价现象，侧重于运用中国市场的数据对于经典股票定价模型——CAPM 与三因子模型进行证实与证伪，对于 2000 年之后，国际资产定价实证研究中新发现的异象变量，尤其是有关企业投资、盈利水平、盈利质量、动量与反转趋势等领域市场异象在中国的研究并不多见。

二、价值投资策略有效性逐步提升

基于基本面异象变量构建的价值投资策略有效性研究一直是国内学者关注的另一重点问题，由于相关理论基础均起源于西方国家资本市场，将其引入中国势必存在一个策略"本土化"的问题，因此关于价值投资策略在中国市场的有效性研究又是国内学者非常关注的领域。早期研究中，价值投资在国内的适用性普遍不被看好。有学者指出，我国证券市场受各种政策变化的影响较大，且投资者对于高价值溢价公司的信息挖掘不够充分，总体上市场尚未形成价值投资风格（王晋斌，2004），价值投资理论在我国实践的基础条件还比较缺乏（贺显男，2004）。价值投资策略在引入中国的初期，国内学者对其实际应用性大多呈较悲观态度，这当然与中国股票市场成立最初的十多年中，市场投机炒作严重，上市公司财务数据质量普遍较低，股票市场信息不对称程度突出有直接关系。

但是随着我国证券市场制度的改革深入、上市公司信息披露制度的健全、市场交易体系的完善、投资者整体素质的提升，整体市场环境已相对稳定，实施价值投资策略的基础条件已日趋充分，近些年国内学者的研究验证了这一变化，发现价值投资已经成为市场中重要的投资风格，并可以帮助投资者获得超额收益。郝爱民（2006）以 1993—2003 年十年的 A 股数据为样本，实证研究发现市盈率指标可以有效预测我国股票收益率，价值投资的适用性与机构投资者数量和市场规范化程度均呈正相关关系；韩其恒和于旭光（2007）在1994—2005 年的 A 股市场构建了牛市和熊市滚动策略，证明了 A 股市场中存在显著的市净率和市盈率溢价效应，并可以用风险收益权衡理论对超额收益进行解释；黄惠平和彭博（2010）利用 2003—2008 年的中国市场数据进行实证研究，证明价值投资策略可以在中国市场取得优异的投资收益，而且在熊市中的表现要显著优于牛市，研究指出，在企业业绩的代理变量中，每股收益和每股净资产对股票价格变化有较强的解释力度；卿小权等（2012）采用 1999—2008 年的沪深两市数据研究发现，中国股票市场中的错误定价现象普遍存在，可以较好地对股票横截面收益作出预测，价值投资策略的超额收益并不来源于系统性风险，而是主要由公司的财务困境风险和投资者异质信念来解释；张剑、张再生和闫东玲（2012）利用 1993—2010 年的中国 A 股数据，重点关注中国股票市场异象的持续性，研究发现规模溢价的持续性相对较弱，主要在短期内存在，而在长期中，动量溢价和价值溢价在我国市场中具有持续性，证明了在不同区间里，市场异象的表现风格迥异。

梳理来看，有关价值投资策略在中国股票市场适用性和有效性的研究方面，存在一定的争议。这里需要指出的是，由于价值投资策略研究属于资产定价的实证研究范畴，不同研究者在选取数据样本、模型使用、研究方法等方面的差异性，会造成具体研究结果的不同。但是不难发现，已有研究中存在一个明显的趋势是，随着改革与发展的推进，中国股票市场的成熟度不断提升，越来越多的学者找到了支持价值投资理念可以在中国良好实践的证据，价值投资策略研究受到了更广泛的关注，策略有效性进一步得到认同。

第四节 国内外研究现状评述

从以上的文献梳理中可以看出，通过基本面分析进行股票横截面投资收益预测这一问题一直是资产定价实证领域研究的热点，新的市场异象的发现与选股体系的形成在不断丰富着价值投资策略的内涵。总结现有国内外相关研究可以发现以下几个特点：

一、盈利溢价效应是价值投资的最新内涵

传统价值投资策略的核心理念就是买便宜（价值处于低估状态中）的股票，此类股票通常具有低企业价值倍数、低市盈率、低市净率等特点，而在选股时对公司盈利等基本面信息方面的要求并不多。学者早期实证研究所围绕的股票异象变量也主要是与股票相对估值紧密相关，例如盈余价格比、账面市值比、现金流价格比、股利价格比等。这里需要指出的是，单一的股票估值指标

所含信息较为有限，单纯依靠传统价值投资估值指标选股难以全面、客观地揭示公司的内在投资价值。

目前，国内学者有关价值投资的实证研究就主要集中于传统价值投资范畴，所选取的代理变量相对滞后并且比较单一，而且由于样本选取时间段的差异、采用异象变量的不同，获得的研究结果也存在相互矛盾的情况。在构建策略方面，较少有研究涉及公司品质投资这个新的重要方向，更鲜有将公司盈利水平和传统市场估值综合考虑进行选股投资的实证研究。

随着资产定价实证研究的深入，盈利溢价在近几年成为学术界高度关注的热点问题。为了更好地解释股票市场变化，新的股票资产定价模型应运而生，因此，价值投资策略也有了新的内涵，在其核心思想保持不变的基础上，学者致力于研究创新，不再仅仅去关注股票的估值，而更多地开始关注公司的品质，包括从其盈利质量、投资回报率、经营状况等方面来选择目标公司，即更加关注衡量公司基本面的相关信息，这就形成了价值投资的一个新方向——投资盈利出色、财务状况良好的高品质公司。

二、盈利溢价研究集中于发达国家资本市场

梳理目前已有文献可知，有关盈利溢价的实证研究环境主要为美国市场，部分以国际市场为样本的研究也均是关注发达国家或地区的资本市场（Novy - Marx，2013；Sun、Wei 和 Xie，2014），鲜有专门针对新兴经济体市场的盈利异象研究，尤其是在中国股票市场的环境中，采用最新识别的盈利代理变量来探讨上市公司层面的盈利溢价实证研究还尚属空白。国内学者目前进行资产定价研究依然主要关注包括 CAPM、Fama - French 三因子模型在中国股票市场的解释力度，对于最前沿资产定价模型——Fama - French 五因子模型、Q 因子模型在中国市场的具体应用研究明显滞后，没有实证研究对于盈利定价因子在中国股票市场中的收益预测能力进行全面检测。

因此，亟待有系统性的研究来检验盈利溢价效应，针对前沿的盈利代理变量来筛选高品质上市公司、构建价值投资策略，探究以公司盈利为核心驱动的投资策略在中国股票市场上的有效性，从而弥补上述研究空缺，具有非常强的紧迫性和实践意义。

三、超额收益背后成因存在争议

在市场异象获取超额收益的背后成因方面，国外学者对于作用的经济机制存有争议，但概括来看，主流研究中有两大类理论对其进行解释。一类是基于

经典理性人假设下的风险补偿理论，该理论认为投资者均具有理性预期，在无套利均衡理论下进行资产定价。基于风险与收益的博弈（trade off），价值型股票本身相比成长型股票具有更高的财务困境风险（distress risk），因此会有更高的投资风险溢价作为补偿（Fama 和 French，1993，2006）。另一类是基于行为金融分析框架下的错误定价理论。该理论认为，由于外生制度约束、交易成本与流动性的影响，及投资者的有限关注和个体之间认知程度的差异、投资者情绪等因素，投资者在实际投资中面临有限套利，并具有有限理性，而正是由于这些原因会造成投资者的预期偏差，从而作出非最优投资选择，价值型股票因此有可能被低估而存在错误定价，故通过长期持有价值型股票能够获得超额收益（Lakonishok、Shleifer 和 Vishny，1994；Shleifer 和 Vishny，1997）。

目前，国内学者在针对市场异象的研究多数只是关注实证现象本身，通过寻找有效的异象代理变量来验证策略的投资业绩表现，重在检验溢价效应本身的程度大小，但是对于策略实践的深层次影响机制关注度并不高，还没有系统性的研究来梳理相关异象变量的理论基础，探讨价值投资策略的经济学解释与主要驱动因素，因此有必要在中国市场的环境中，有针对性地重点分析影响盈利投资策略的经济学理论基础与作用机制。

第五节 中国股票市场环境分析

在股票异象的研究过程中，市场环境对于股票价格的信息含量、价格发现机制以及企业基本面情形的映射方面有着重要的影响。中国股票市场作为本文系统性检验盈利溢价效应的研究载体，整体市场生态环境与具体实证研究设计、最终结论的有效性程度都紧密相关，因此有必要对于中国股票市场环境的变革与发展情况进行理论分析。具体回顾中国股票市场从 1990 年 12 月底成立至今二十多年的成长演进历程，主要可以归纳为如下几个重要阶段来总结市场环境的发展变化。

一、第一阶段：1991—1997 年，市场的成立与组建

以沪深两市交易所成立为标志，我国股票市场从分散化、无组织向集中化、现代化过渡。在前五年中，深交所和上交所挂牌交易的股票数量从 8 只增长到 500 多只。许多股票从场外柜台交易平台（OTC）转移到上交所和深交所的电子交易平台上。1992 年，交易所实现了用电脑自动撮合系统替代口头唱

报和白板竞价相结合的手工竞价方式，提升了股票市场的交易效率。到 1996 年，超过 500 家公司在上交所和深交所挂牌，道琼斯开始发布道琼斯中国指数、上海 30 指数和深圳指数，遂逐渐吸引全球的股票分析师开始追踪中国股市。此外，交易所取消了限价指令簿（limit - order books），大大降低了交易佣金，增强了市场的流动性。

Chordia、Roll 和 Subrahmanyam（2008）指出理论上逐渐增高的流动性可以提高市场效率和信息含量，这说明上述发展有助于推动这一时期中国股价信息含量的升高。Kim 和 Park（2010）提出，价格在当日设置 10% 的涨跌幅限制和一天的最小持有期的实施可以防止股价操纵。1997 年，中国证券监督管理委员会（CSRC）成为中国证券期货市场的监管部门，并在全国设立了派出机构，建立了集中统一的证券期货市场监管框架，证券市场由局部地区试点转向全国性市场发展的阶段。这些政策与机制形成了中国股票市场成立和建设时期对中国商业和企业进行所需资本配置的原始平台。

二、第二阶段：1998—2001 年，投机疯狂、会计造假严重

在 1998—2001 年的时间段中，中国股票市场集中出现了疯狂的投机和会计造假、公然的股价操控现象，随之是著名的股市"赌场"理论的产生。1998 年，处于财务困境、特殊处理状态中的公司股票价格开始大幅飙升，证监会报告指出中国股市存在大范围的市场操控。大量庄家通过发布信息、哄抬股价、暗箱操纵、欺诈获利的投机模式十分常见。2000 年，中国股票的平均市盈率水平攀升到了 70，这表明股价已经显著地偏离了基本面价值。这与 Goldstein、Ozdenoren 和 Yuan（2013）的理论是相一致的，他们指出投机者之间不良好的协调使得市场包含更少的信息含量，降低了直接投资，并增加了股票市场的波动性。

企业会计造假、财务欺诈是这一时期的突出问题。2000 年初，中国第一只上市交易超过 100 元的股票——亿安科技诞生，而该股票从 26 元左右上涨至 100 元仅仅用了 70 个交易日，这实则只是当时市场内幕交易、操作股价、牟取暴利的一个缩影。百元股的出现引发了市场极大震动，证监会随之进入调查，对联手违规操作、控制股价的相关机构作出重罚，并揭发了严重的会计舞弊现象。随后，"德隆系"的坍塌、银广夏财务造假事件、"蓝田神话"破灭等涉及上市公司虚假财务信息、股市内幕交易的丑闻被相继曝光。DeFond、Wong 和 Li（1999）研究指出，会计造假行为来源于不规范和监管不足的审计市场，而中国的审计市场的主导力量是隶属于政府的审计人员，他们更倾向于

维护政府附属企业的利益。研究发现，如果审计人员独立行为将会使利益相关企业失去市场份额，这表明为了维持客户，审计人员并没有动机去揭发造假行为。

在 2000 年末，我国经济学家吴敬琏提出了著名的"赌场"理论，他严厉地批评中国股票市场类似一个赌场，充斥着投机泡沫，并没有发挥其资本配置的功能、成为企业融资的有效渠道，而变成了一个为内幕信息拥有者和投机者提供非法利润的平台，而这是以攫取广大散户投资者和利益不被保护的中小股东的利益为代价的。

三、第三阶段：2001—2008 年，市场化改革时期

这一阶段以中国加入世界贸易组织（WTO）为里程碑事件，并以完善中小股东的监管保护、提高会计透明度和审计质量、国有企业股票结构的多元化、增加外国投资者直接投资于中国市场渠道等为标志性的改革事件，中国股票市场经历了快速的市场化建设与改革。Gul、Kim 和 Qiu（2010）研究表明，中国市场股价的同步性随着国外投资者持股的增长、审计质量的提高和所有权集中化的减弱而显著降低。在 2001 年末，证监会施行了新的更严格的退市制度，以保护散户投资者的利益。2002 年，证监会批准了 QFII 计划，使得合格的境外机构投资者直接投资于 A 股市场。最先进入的两个国外机构投资者分别是野村证券和瑞银集团开放式共同基金。2004 年，证监会设立了"国九条"，旨在保护中小股东的利益，防止股价操控，遏制会计和审计欺诈。

2005 年 4 月，经国务院批准，中国证监会推出了股权分置改革，逐步解禁非流通股，并以补偿流通股持有者的方式将其私有化。直觉上看，市场参与者基础的扩大和多元化对于提升股票价格的信息质量是一个关键要素。Liao、Liu 和 Wang（2011）以及 Li、Wang、Cheung 和 Jiang（2011）也研究证实了股权分置改革对于中国股市信息发现及其风险分担功能的改善。股权分置改革完成后，A 股市场进入了全流通时代，大小股东利益日益趋同。

2006 年，上交所和深交所推出了融资融券和卖空交易的试点方案，并在随后几年不断扩大，该项尝试意义重大。在一项对 46 国的跨国调研中，Bris、Goetzmann 和 Zhu（2007）实证研究表明，允许卖空的国家，可以使得公司的负面信息更为迅速地反映在股价之中。Ljungqvist 和 Qian（2014）同样证明了存在卖空可能性的直接交易机制将给予套利者将负面信息转化到价格中的动机。监管的改革、资本市场的发展、会计和审计质量的提高相结合，以及市场中外国投资者的直接参与都可能有助于提高在此期间中国股票市场的价格信息

含量。

四、第四阶段：2009—2015 年，多层次资本市场构建、国际化程度增强

这个阶段，由主板市场、中小板市场、创业板市场和场外市场互为补充和促进的中国多层次市场体系逐渐形成，市场化的运作机制进一步完善。2009年10月，创业板正式推出，进一步完善了多层次资本市场体系，为中国投资者提供了更加多元化的投资渠道选择，同时有助于促进产业结构升级、合理配置社会资源。2013年底，证监会将新三板的准入条件进一步放开，对所有公司开放，扩容至全国，正式将新三板发展成为一个全国性的证券交易市场。这既可以成为私募股权基金退出的新方式，又为中国的价值投资者提供了新的长期投资平台。

2010年，证券市场的机制创新有了新的推进，3月底，交易所开始接受券商的融资融券交易申报，融资融券交易正式进入市场操作阶段，4月，股指期货推出，这两项重要改革为我国资本市场引入了双向交易机制，标志着原本只能进行单边多头投资的中国股市可以开始实现卖空操作。随后在2012年和2013年中，转融资和转融券业务先后被推出，这增加了融资融券业务的证券和资金来源，扩大了市场规模，进一步完善了卖空机制。2013年底，证监会发布《关于进一步推进新股发行体制改革的意见》，强调新股发行市场化、法制化，推进国内股票发行从核准制向注册制过渡，并强调对投资者特别是中小投资者合法权益的保护。

从2014年起至今，中国证券市场的对外开放步伐开始提速。2014年，沪港通顺利如期推出，并于11月正式开启运行，这标志着中国资本市场的国际化进程迎来了全新的时代。从2002年中国建立 QFII 制度，到2014年上交所与港交所实现互联互通，12年的中国资本市场国际化改革可谓是稳中求进，而沪港通这具有里程碑意义的改革措施，可以为全球机构投资者开启进入中国市场更为宽阔的通道，促进原本较为割裂的中国市场与国际主流市场的融合，当然这也伴随着中国资本项目逐渐开放、人民币国际化等改革的推进，有利于国内资本享受海外市场增长收益。

进入2015年，监管当局进一步深化沪港通机制，同时积极推动深港通，旨在理顺资金双向投资机制，全面深化相关制度对接，以开放促改革；同时，努力推动 A 股市场纳入摩根士丹利资本国际（MSCI）指数和英国富时罗素（FTSE）指数，旨在加强 A 股市场与海外市场对接，增加 A 股在全球指数中

的权重，助推 A 股成为全球追踪以上两大指数的主要机构投资者的投资配置，这可以最终实现海外投资者自由买卖 A 股股票、有利于改善 A 股市场的投资者结构，增强市场成熟度。目前，该项工作已有一定推进，2015 年 11 月，包括阿里巴巴、京东等在内的 14 家中概股被纳入了摩根士丹利资本国际旗下的新兴市场指数（MSCI Emerging Market Index）和中国指数（MSCI China Index），这对增强中国企业的国际影响力及下一步助推 A 股市场进入 MSCI 指数均有很强的积极意义。同时，证监会、国家外汇管理局进一步扩大了合格境外机构投资者（QFII）、人民币合格境外机构投资者（RQFII）等的规模，增加了 RQFII 的试点区域和投资额度，为中国股票市场引入更多的长期资金，中国市场上优质企业的投资价值将得到更好的挖掘。此外，我国企业境外上市机制与流程在加速改革，上市程序、合规性审查等步骤进一步得到简化；我国金融证券机构"走出去"的步伐也在加快，力求满足国际社会投融资需求与中国企业海外金融服务需求，并使得自身资产充分分散化，增强了国际竞争实力。

五、小结

总体来看，经过了二十多年的发展，中国股票市场在绝对量的规模方面，例如上市公司数量、投资者数量、总体市值等方面都已经在世界各主要市场中排名前列，在如此短的时间中取得这样的成就是令人惊叹的。尽管如此，必须指出的是，在成立之初，中国股票市场在制度设计、金融基础设施、市场化程度、开放程度等诸多方面存在不完善，大多数投资者并不去关心企业的基本面，股票市场的消息炒作和疯狂投机氛围尤甚，甚至相关学者称我国股市是投机者的"做庄场"和权贵阶层的"寻租场"。同时在很长的一段时间里，我国股票市场的系统性风险十分突出，"政策市"的特点也饱受诟病，这也造成了从 1990 年初到 2000 年前后，近十年间中国股票市场中凸显的市场秩序不健全、信息不对称程度严重、投资者主体单一、庄家依靠信息优势和资金优势操控股价获取暴利等问题，市场经历了赌场般的疯狂炒作和剧烈波动。

但是随着市场化改革的深入、法律法规的健全、交易制度的完善，公司股票价格中的信息含量稳步上升，股价波动与基本面的相关性在逐步增强，上述发展弊端在逐步得到有效解决，整体市场环境得到了明显的优化与改善。近两年对外开放程度的加大使得中国股票市场相对全球的市场分割性有所降低，与国际金融市场的融合程度上升，相关优质上市公司的投资价值得到了张显和深入挖掘。Carpenter、Lu 和 Whitelaw（2015）实证研究证明，经历了近十年密集有效的改革与发展，中国股票市场有关公司未来盈利等基本面情况的信息发现功能显著增强，并且股票价格中的信息量与公司投资效率高度相关，中国股票市场的投资者在定价风险及其他重要市场特征时已与发达资本市场（如美国）比较相似，愿意为大市值规模、增长前景良好的公司股票支付更高的溢价，并对非流动性与市场风险进行折价。因此，伴随着中国股票市场逐步走向成熟，投资者在中国实践价值投资策略的市场环境日渐完善，基于企业盈利信息构建投资策略的应用空间在不断扩大。

第三章
盈利溢价的理论基础

通过梳理目前资产定价研究领域有关股票市场异象的前沿研究可知，大量学者都在尝试发现新的股票市场异象变量的同时，对于不同异象变量能够获取超额投资收益的原因探究也是研究的另一重心所在。总体来看，该领域主要有两大类主流理论体系，分别为基于理性投资者分析框架下的风险补偿理论和基于行为金融学框架下的错误定价理论。

深究公司盈利水平可以正向预测股票预期投资收益背后的原因，同样与大部分股票异象变量的研究情况类似，具体有风险补偿理论和错误定价理论两大类平行的理论体系对投资者获得超额收益的原因进行论证解释。总结来看，风险补偿解释中的有代表性理论包括 Fama 和 French 的系列因子定价模型和基于 Q 理论的资产定价模型，这也是目前在学术界最为成型和认可程度最高的理论；而对于基于行为金融分析框架的错误定价理论，在最近十几年中得到了不断发展和扩大，很大程度上弥补了基于理性投资者假设的经典资产定价理论在解释相关异象时的不足，成为风险补偿理论的良好补充，并在部分发达资本市场的实践中得到了具体验证，但是该理论体系的缺陷在于行为金融学领域中流派繁杂、故事分散，截至今日，依然还没有形成一个完整成型、学术界普遍认可的理论基石，缺乏统领性的理论框架，并且针对同一种股票市场异象往往存在几种结论矛盾的解释。

本章主要研究盈利溢价效应的理论基础，寻找基于不同市场异象变量构建策略后投资绩效表现迥异的缘由，从而解释盈利投资策略的超额收益来源。具体研究中将分别关注 Q 理论、股票估值模型和错误定价理论，旨在寻找盈利投资策略在中国股票市场实践的决定性因素，为后文探寻盈利策略在中国股票市场的运行机制与成因提供具体方向和理论指导。

第一节　Q 理论

从基本经济理论来进行大体分类，传统的资产定价模型（如 CAPM 模型、APT 套利定价模型、Carhart 四因子模型、Fama 和 French 多因子模型等）均是基于"消费者"——投资者的视角出发研究资产定价问题，而最早由 Cochrane（1991，1996）提出，基于 Q 理论的资产定价模型是从"生产者"——公司角度切入来研究资产定价，指出公司真实投资可以解释股票横截面投资收益方面的差异，公司投资与股票预期收益之间存在负相关关系，后经过 ZhangLu（2005），Liu、White 和 Zhang（2009），Li 和 Zhang（2010），Lin 和 Zhang（2013）等人的深入研究与拓展，发展成为最新的 Q 因子定价模型（Hou、Xue 和 Zhang，2015a），在传统 Fama – French 三因子定价模型中剔除了账面市值比（B/M）因子，加入了投资因子和盈利因子，与规模因子和市场因子统称为 Q 因子，该模型强调了公司投资和盈利水平对于股票收益预测的重要性。本小节中，在 Q 理论基本模型的基础上，进一步考虑了公司资产折旧和投资摩擦来构建经济学模型。通过理论模型的推演，解释公司盈利水平、投资摩擦如何作用于股票投资收益。

一、经济学模型

参照 Lin 和 Zhang（2013），研究一个总共两期的随机一般均衡模型，两期时期分别用 $t = 0$ 期和 $t = 1$ 期来表示。在该模型中，经济体的定义遵照了 Long 和 Plosser（1983）对于新古典宏观经济学的三个最主要特征的界定，这三个特征分别是：（1）代理人都有理性预期；（2）个体均最大化其效用函数，公司最大化其股票价值；（3）市场是出清的。假设该经济体由一个代表性的家庭和 N 家异质性的公司（heterogeneous firms）构成，分别用 $i = 1, 2, 3, \cdots, N$ 来标识。代表性家庭旨在最大化其期望效用，期望效用函数为

$$U(C_0) + \rho E_0 [U(C_1)]$$

对于公司方面：其中 ρ 为时间偏好，C_0 和 C_1 分别为 $t = 0$ 期和 $t = 1$ 期时的消费。假设公司生产单一的一种商品，可以供消费或者投资。公司 i 在初始状态下即 $t = 0$ 期时，具有生产性资产 A_{i0}，并在同期开始进行生产。公司在 $t = 1$ 期期末退出，最终退出时公司的清算价值为 $(1 - \delta)A_{i1}$，δ 为公司资产的折旧率，$0 \leq \delta \leq 1$。

　　不同公司在时期 $t=0$ 的资产 A_{i0} 均不同，利润函数 $\Pi_{i0}(A_{i0})$ 也各不相同，各公司的利润函数在时期 $t=0$ 起始时刻就可以确定。公司 i 两期的利润（营运现金流）为 $\Pi_{it}(A_{it})$（$t=0$，1），其中公司在 $t=1$ 期的随机利润函数为 Π_{i1}，该函数为随机函数，假设其同时受到影响所有公司的累计冲击（aggregate shocks）向量以及各个公司独具的公司特有冲击（firm-specific shocks）向量的约束。假设公司的利润函数 Π_{it} 为规模报酬不变（constant return to scale），则 Π_{it} 与公司的边际资本产出（marginal product of capital）和平均资本产出（average product of capital）均相等，并且利润可以表示为：$\Pi_{it}(A_{it})=\Pi_{it}A_{it}$。用变量 I_{i0} 来表示公司在 $t=0$ 期的投资资本，因此有公司在 $t=1$ 期的资产为：$A_{i1}=I_{i0}+(1-\delta)A_{i0}$。在这个两期模型中，公司仅在 $t=0$ 期进行投资，而在 $t=1$ 期不投资，故 $I_{i1}=0$。

　　此外，公司在投资时，会由于市场摩擦因素造成净损失成本（deadweight cost），这部分成本调节项用函数 $C(I_{it},A_{it},a_i)$ 来表示。$C(I_{it},A_{it},a_i)$ 是关于投资 I_{it} 单调递增且是凸的，而关于资产 A_{it} 是单调递减的。参数 a_i（$a_i>0$）刻画了公司 i 受到的投资摩擦（investment frictions），a_i 越高，则表明公司所受到的投资摩擦程度越大，其投资成本也越高。

$$C(I_{i0},A_{i0},a_i)=(a_i/2)(I_{i0}/A_{i0})^2 A_{i0}$$

　　对于家庭方面：P_{it} 和 D_{it} 分别表示公司 i 在 $t=0$ 期和 $t=1$ 期的分红前股票价值和股票分红。根据消费的一阶最优条件可知：

$$P_{i0}=E_0[M_1(P_{i1}+D_{i1})]$$

可进一步推导得到：

$$E_0[M_1 r_{i1}^S]=1$$
$$r_{i1}^S\equiv(P_{i1}+D_{i1})/P_{i0}$$

　　其中，$r_{i1}^S\equiv(P_{i1}+D_{i1})/P_{i0}$ 为股票收益，$M_1\equiv\rho U'(C_1)/U'(C_0)$ 是随机贴现因子。利用协方差定义可以将 $E_0[M_1 r_{i1}^S]=1$ 变形为 β 因子定价的形式：

$$E_0[r_{i1}^S]-r_f=\beta_i^M \lambda_M$$

　　其中，$r_f\equiv 1/E_0[M_1]$，是无风险利率，$\beta_i^M=-Cov(r_{i1}^S M_1)/Var(M_1)$ 是股票收益对于随机贴现因子 M_1 的敏感程度，$\lambda_M\equiv Var(M_1)/E_0[M_1]$ 是风险的价格。

　　对于公司生产方面：公司 i 利用营运现金流在 $t=0$ 期来支付投资 I_{i0}，以及所需调节成本 $(a_i/2)(I_{i0}/A_{i0})^2 A_{i0}$。如果营运现金流在满足投资和成本调整之后，$D_{i0}=\Pi_{i0}A_{i0}-I_{i0}-(a_i/2)(I_{i0}/A_{i0})^2 A_{i0}$ 是一个正值，则公司 i 可以将剩余部分派发给家庭。而如果 D_{i0} 是负值的情况时，则意味着外部股权存在。在 $t =$ 1 期时，公司利用资产 A_{i1} 来获得营业利润 $\Pi_{i1} A_{i1}$。由于在此模型中，一共仅有两期，公司在 $t = 1$ 期时不再进行投资，I_{i1} 为 0，故该营业利润都被用于配发为股票分红 D_{i1}，并且分红后的股权价值 P_{i1} 为 0。

将随机贴现因子 M_1 假设为定值，对于公司 i，面临的问题是：在 $t = 0$ 期，选择最优的投资 I_{i0}，旨在最大化公司自身的含权股票价值：

$$P_{i0} + D_{i0} \equiv \max_{\{I_{i0}\}} \left[\Pi_{i0} A_{i0} - I_{i0} - \left(\frac{a_i}{2}\right)\left(\frac{I_{i0}}{A_{i0}}\right)^2 A_{i0} + E_0\{M_1[\Pi_{i1} A_{i1} + (1 - \delta)A_{i1}]\} \right]$$

求解此最优问题，得到投资 I 的一阶条件为

$$1 + a_i\left(\frac{I_{i0}}{A_{i0}}\right) = E_0[M_1(\Pi_{i1} + 1 - \delta)]$$

从直觉上来看，为了在 $t = 1$ 期获得额外一单位的资产，公司 i 必须要支付资产的购买价格，以及边际调节成本 $a_i(I_{i0}/A_{i0})$。在 $t = 1$ 期，公司增加额外一个单位资产的边际收益就是其边际资本产出，也就是盈利能力 Π_{i1}。将此 $t = 1$ 期的边际收益用随机贴现因子 M_1 贴现回至 $t = 0$ 期，就得到了"边际产出 q"（marginal q）[1]，该边际收益等于公司的边际投资成本。

具体推导来看，由于 $D_{i0} = \Pi_{i0} A_{i0} - I_{i0} - (a_i/2)(I_{i0}/A_{i0})^2 A_{i0}$，代入上述最优函数可以得出，分红前的股票价值为：$P_{i0} = E_0\{M_1[\Pi_{i1} A_{i1} + (1 - \delta)A_{i1}]\}$。而 $t = 1$ 期，公司不进行投资，$P_{i1} = 0$，故 $D_{i1} = \Pi_{i1} A_{i1} + (1 - \delta)A_{i1}$，且因此我们可以对股票收益做如下变换：

$$r_{i1}^S = \frac{P_{i1} + D_{i1}}{P_{i0}} = \frac{\Pi_{i1} A_{i1} + (1 - \delta)A_{i1}}{E_0\{M_1[\Pi_{i1} A_{i1} + (1 - \delta)A_{i1}]\}}$$

代入投资 I 的一阶最优条件 $1 + a_i\left(\frac{I_{i0}}{A_{i0}}\right) = E_0[M_1(\Pi_{i1} + 1 - \delta)]$，分子分母同时除以 A_{i1}，最终得到：

$$r_{i1}^S = \frac{\Pi_{i1} + 1 - \delta}{1 + a_i\left(\frac{I_{i0}^*}{A_{i0}}\right)}$$

而由从公司生产与投资视角出发的经典资产定价文献 Cochrane（1991）可知，公司的投资收益被定义为 $r_{i1}^I = (\Pi_{i1} + 1 - \delta)/1 + a_i\left(\frac{I_{i0}}{A_{i0}}\right)$，即公司的投资收益为公司在 $t = 1$ 期的边际投资收益与在 $t = 0$ 期的边际投资成本之比。因此

---

[1]   边际产出 q（Marginal q）：定义为由新增一单位企业资产所产生的未来现金流的现值。

可知：

$$r_{i1}^S = \frac{\Pi_{i1} + 1 - \delta}{1 + a_i \left(\dfrac{I_{i0}}{A_{i0}} \right)} = r_{i1}^I$$

从上述结论可知，公司 i 在 $t=0$ 期将不断进行投资，直到其投资的边际成本即 $1 + a_i(I_{i0}/A_{i0})$，达到公司在 $t=1$ 期的投资边际收益（ $\Pi_{i1} + 1 - \delta$ ）用股票投资收益率 r_{i1}^S 作为贴现率贴现至 $t=0$ 期时的现值时，可以实现最优。此外，通过上式还可以得到：股票投资收益是公司在 $t=1$ 期的边际投资收益，也就是公司的盈利水平，与公司在 $t=0$ 期的边际投资成本之比。这对于进行投资策略的构建和投资者遴选公司提供了很多新的启示。

二、模型启示

（一）股票预期收益与盈利

将上述推导结论 $r_{i1}^S = (\Pi_{i1} + 1 - \delta)/(1 + a_i(I_{i0}/A_{i0}))$ 等式两边同时去取期望，可以得到：

$$E_0(r_{i1}^S) = \frac{E_0(\Pi_{i1} + 1 - \delta)}{1 + a_i \left(\dfrac{I_{i0}}{A_{i0}} \right)} \tag{3.1}$$

公式（3.1）在股票收益预测方面给出如下启示：当给定企业预期盈利的情况下，高投资公司的股票相比低投资公司的股票应当有更低的预期投资收益，即公司投资与股票预期收益存在负相关关系；类似地，当保持企业当前边际投资成本不变的假设前提下，更高预期盈利的公司比低预期盈利公司的股票具有更出色的预期边际投资收益，因而其股票有更高的预期收益率，即公司盈利水平与股票预期收益存在正相关关系，也就是存在所谓的"盈利溢价"现象。

高盈利公司有更高的预期股票收益符合公司的资本预算理论。从公司的资本预算视角出发，高盈利预期、低投资必然意味着高贴现率（即股票收益率），因为只有高贴现率才足以去抵消高预期盈利所带来的未来现金流入，从而导致低的新资本收益现值和低的投资。如果贴现比率不足以去抵消高的预期盈利，公司仍然可以发现高的新增资本收益现值而不断进行新项目的投资；同理，低盈利预期、高投资必然意味着低的贴现率，如果贴现比率不足以去补偿低的预期盈利，公司会由于新增资本收益现值太低而不断减少投资。

高盈利公司有更高的预期股票收益同样符合标准的股票贴现模型。等式

$$E_0(r_{i1}^S) = \frac{E_0(\Pi_{i1} + 1 - \delta)}{1 + a_i\left(\dfrac{I_{i0}}{A_{i0}}\right)}$$ 中的分母部分边际投资成本 $1 + a_i(I_{i0}/A_{i0})$，等于公

司的"边际产出 q"（marginal q），也等于公司的"平均产出 q"（average q）或者"市值账面价值比"（MV_0/BV_0）。代入公式（2.1）中，稍作变形可知：

$$E_0(r_{i1}^S) = \frac{E_0(\Pi_{i1} + 1 - \delta)}{1 + a_i\left(\dfrac{I_{i0}}{A_{i0}}\right)} = \frac{E_0(\Pi_{i1} + 1 - \delta)}{MV_{i0}/BV_{i0}} = \frac{E_0(\Pi_{i1} + 1 - \delta) \times BV_{i0}}{MV_{i0}}$$

由此可见，变形后，股票预期收益等于公司预期现金流（$E_0(\Pi_{i1} + 1 - \delta) \times BV_{i0}$）与公司股票市场价值（$MV_{i0}$）之比，这与经典股票估值模型——戈登增长模型（Gordon Growth Model，GGM）本质上完全相同。公司高预期盈利相对于低市值账面价值比，与高预期现金流相对于低股票市场价值等价，都意味着更高的贴现率（股票投资收益）。

（二）盈利溢价与投资摩擦

进一步思考 $E_0(r_{i1}^S) = \dfrac{E_0(\Pi_{i1} + 1 - \delta)}{1 + a_i\left(\dfrac{I_{i0}}{A_{i0}}\right)}$，如果不再假设公司的边际投资成

本保持不变，即在分析盈利溢价效应的同时考虑企业投资成本函数的变化，这里重点关注盈利和预期股票收益的正向相关关系在公司受到的投资摩擦作用下产生的相关变化情况。具体来看，在企业投资与资产之比给定的情况下，公司盈利对于股票预期投资收益的正向预测能力会由于投资摩擦程度的增加而减弱，而这一影响主要通过投资边际成本这一渠道产生作用。由前文分析可知，公司的边际投资成本函数 $1 + a_i\left(\dfrac{I_{i0}}{A_{i0}}\right)$ 是投资摩擦 a_i 的一个单调递增函数，因而如果公司面临着很严重的投资摩擦时，一般在投资过程中就会伴随更高的边际成本。

从上述理论模型表达式的解读中不难发现，对于同样数量级的公司边际盈利水平增长，在企业投资给定的情况下，相比于投资摩擦更低的公司，面临更高投资摩擦的公司边际投资成本会越高，相应其股票预期投资收益的正向增长幅度会相对较小。因此，投资摩擦程度可以通过边际投资成本这一作用渠道，降低公司盈利在股票横截面收益方面的正向预测能力。简而言之，公司的盈利溢价效应可能会在面临着更低投资摩擦水平的公司中表现程度更强。

第二节　股票估值模型

股票投资收益预测的关键是股票价格变化，而股票定价也是金融学研究中最核心的问题之一，在实务投资中，对于上市公司的准确估值是投资者有效判断内涵价值与股价之间关系的重要前提。从估值模型出发，可以从本质上剖析影响股票价格的决定因素，对公司股票估值也是进行基本面分析的关键环节，有必要从估值模型入手，寻找公司盈利水平与股票内涵价值的根本联系，对于更好地构建盈利投资策略有指导意义。本节重点研究两大经典股票估值模型——股利贴现模型（Dividend Discount Model，DDM）和剩余收益模型（Residual Income Model，RIM）。

一、股利贴现模型

纵观资产定价理论的发展，股票估值模型可谓种类众多、分类迥异，其中股利贴现模型是绝对估值法中最重要也是最被广为接受和运用的估值模型，其余很多模型都是在其基础上衍生和发展得到的。这里从股利贴现模型出发，从理论上分析重要估值指标如账面市值比（B/M）、公司盈利表现对于股票收益预测的影响。基于 DDM，公司股票的价格等于未来所有年度期望股利的贴现值，模型表达式如下：

$$M_t = \sum_{\tau=1}^{\infty} E\frac{D_{t+\tau}}{(1+r)^{\tau}}$$

在上述模型中，M_t 是 t 时刻的公司股票价值。$E(D_{t+\tau})$ 是 $t+\tau$ 时刻的预期每股股利，r 是股票长期平均预期回报率，或者更精确地说，是公司股票预期股利的内涵报酬率。该估值模型说明，如果在 t 时刻两个公司的股票有着相同的预期股利，但是价格却不一样，那么低股价的公司有着更高的（长期平均）预期回报率。如果股票定价是理性的，由风险与收益的权衡关系可知，低价格股票的未来股利必然具有更高的风险。

在净盈余会计理论（clean surplus accounting）下，公司未分配利润等于其股票账面价值的变化，上述股利贴现模型可以变换为如下形式（Miller 和 Modigliani，1961）：

$$M_t = \sum_{\tau=1}^{\infty} \frac{E(Y_{t+\tau} - d\,B_{t+\tau})}{(1+r)^{\tau}}$$

在上述等式中，$Y_{t+\tau}$ 代表 $t+\tau$ 时刻公司的总股本盈利，$dB_{t+\tau} = B_{t+\tau} - B_{t+\tau-1}$ 是公司账面价值的变化，即公司的未分配利润，而 r 则是期望股利的要求回报率。这个变换很重要，我们可以从上述公式中进一步提取出关于股票期望投资收益率与公司预期盈利水平、预期投资、账面市值比（B/M）之间的内在逻辑关系，而后者均是价值投资实践中进行股票遴选、投资组合构建的重要参考标准。

进一步思考上述股利贴现模型，将模型公式两边同时除以股票的账面价值 B_t，可以得到如下变换形式：

$$\frac{M_t}{B_t} = \frac{\sum_{\tau=1}^{\infty} E(Y_{t+\tau} - dB_{t+\tau}) / (1+r)^{\tau}}{B_t} \tag{3.2}$$

根据公式（3.2），可以更加清晰地看到影响股票预期投资收益的三个重要因素：（1）在其他变量保持不变时，那么当股票市场价值 M_t 越低，或者等价的、公司的账面市场价值比 B_t / M_t 越高时，股票预期回报率会越高；（2）同理，在上述公式中，将除了公司预期盈利和股票预期收益之外的其他所有变量保持不变，可知更高的公司预期盈利（$E(Y_{t+\tau})$）表明了更高的股票预期投资收益；（3）最后，当给定公司的股票的账面价值 B_t、市场价值 M_t 以及预期盈利时，更高的账面价值预期增长（$E(dB_{t+\tau})$）——公司未来投资水平，表明了更低的预期回报。并且这里需要指出的是，单纯依靠公司账面市值比（B/M）在作为股票预期收益率的代理变量时，是存在噪音的，因为股票市场价值 M_t 本身就与公司预期盈利和投资紧密相关，传统的 Fama - French 三因子定价模型难以捕捉到与公司盈利和投资相关的市场异象情况，这也是近二十年中，有关公司盈利的股票市场异象不断被学者研究发现的原因。在实践投资方面，这体现了单纯通过关注公司股票的相对估值水平去进行价值投资并不充分，价值投资的内涵远非仅仅局限于价格便宜的股票可以概括，表明了传统价值投资理论的不足。

在 Fama 和 French（2015）提出的五因子资产定价模型中，在原来三因子模型基础上，正式将公司盈利和投资增加为股票定价因子，并且他们也承认，在所选实证研究样本中，价值因子在新模型中解释股票横截面平均收益情况时显得冗余。而 Q 理论资产定价模型（Hou、Xue 和 Zhang，2015）甚至直接剔除了由账面价值比选股构建的价值因子，并从公司生产与投资角度来构建模型，最终实证得到的 Q 因子资产定价模型（四因子）从本质上与 Fama - French 五因子定价模型非常相似。

二、剩余收益模型

剩余收益模型（Residual Income Model，RIM）最早于 1965 年由爱德华和贝尔（Edwards 和 Bell，1965）提出，但是并未引起理论界较大的关注和影响。直到 1995 年，经济学家奥尔森（Ohlson）对该理论进行了系统性的梳理与整合，并最终提出了 RIM 模型的成熟表现形式，在公司估值理论界产生了重大的影响（Ohlson，1995），因此剩余收益模型也被简称作 E－B－O 模型。所谓公司的剩余收益（Residual Income，RI），定义为公司的净利润与股东所要求的回报之差，即企业当且仅当在满足股东要求报酬之后仍有净利润余留时，才算实现了正的剩余收益，剩余收益表示如下：

$$RI_t = NI_t - (r \times B_{t-1})$$

其中，RI_t 表示企业 t 期的剩余收益，NI_t 为 t 期的净利润，B_{t-1} 为 $t-1$ 期的公司账面价值，r 为股东要求的必要投资回报率。在奥尔森剩余收益理论的分析框架下，股票的内涵价值由两部分构成：公司权益的当期账面价值和预期剩余收益的当期贴现值之和，具体估值模型如下：

$$P_t = B_t + \sum_{i=1}^{\infty} \frac{RI_{t+i}}{(1+r_e)^i}$$

$$= B_t + \sum_{i=1}^{\infty} \frac{E_t[NI_{t+i} - (r \times B_{t+i-1})]}{(1+r_e)^i}$$

上式是 RIM 估值模型的经典表现形式，稍作变形后得到：

$$P_t = B_t + \sum_{i=1}^{\infty} \frac{E_t[(ROE_{t+i} - r_e) \times B_{t+i-1}]}{(1+r_e)^i} \tag{3.3}$$

由公式（3.3）可以看出，RIM 模型具实践性和投资指导意义的特征之一便是通过简洁的方式直观地将股票的内涵价值与公司财务报表中的会计项目联系在一起，例如股东权益的账面价值 B，以及企业盈利最经典的代理变量——股东权益收益率 ROE。RIM 模型是股票估值研究中首度系统性地阐述了股票估值与公司财务变量之间关系的估值模型，为投资者在投资分析时进行公式价值评估提供了有力的工具。这里，对于 RIM 模型给出的估值公式进行进一步的代数变形可知，剩余价值模型的表现形式是在净盈余会计关系①（clean sur-

---

① 净盈余会计关系（clean surplus accounting）是指：假设影响企业股票价值的全部因素都体现在企业的利润表之中，即当期企业的权益价值等于期初（上期期末）权益价值加上支付给股东应有报酬之后的企业当期创造价值，满足如下表达式：$B_t = B_{t-1} + NI_t - D_t$，$D_t$ 为 t 期公司的股利支付。

plus accounting）的分析逻辑下，对于上述股利贴现模型的数学变形，二者只是由于切入点不同而在模型表现形式上有差异，实则殊途同归。

具体分析 RIM 模型的公式，我们可以发现，由公司基本面决定的股票内涵价值主要由两个关键部分构成，第一部分为公司的当前已投资资本（capital – in – place，CIP），这里用所有者权益的当期账面价值表示；第二部分为公司未来剩余收益的贴现值（Present Value of Future Residual Income，PVRI），这主要是指公司未来投资项目产生的剩余收益贴现，主要由公司的成长性和品质来决定。在传统价值投资策略中，绝大多数投资者都致力于买到"便宜"的股票，即重点关注上述公式中的前半部分——股票价格相对于公司已投资资本（CIP）的高低估状态，而通常选用衡量 CIP 的标准除了所有者权益的账面价值外，还可以有公司净利润、公司营运现金流等，因此传统价值投资者在构建投资策略时主要依靠相对估值指标（如 P/B、P/E、P/CF）来判断目标公司股票是否"便宜"。但由 RIM 模型可知，这仅仅关注了公司价值构成的第一部分 CIP，而整体忽视了另一重要因素 PVRI，这从理论模型上揭示了传统价值投资策略的弊端所在，因为当投资者仅仅关注公司估值时，很有可能在买入的便宜公司股票中也混入了长时间陷入严重财务困境、发展前景暗淡的劣质公司，显然此类公司即使估值再低仍然不值得投资。

上述公式的第二部分 PVRI 则明确地显示出了盈利溢价的作用机制，PVRI 主要由公司的盈利能力与未来经营前景决定，高 PVRI 的公司普遍具有品质优良、盈利性突出、成长性好等特征，在公司研究中同样需要给予足够的重视。因此，根据对 RIM 估值模型的分析，优秀的价值投资应当同时具备"估值水平"和"企业盈利"两大筛选评价维度，并协同作用，通过购买盈利能力出众且估值相对合理的公司长期持有，来获取超额投资收益。

基于以上针对 DDM 和 RIM 估值模型的理论分析，投资者进行价值投资实践可以有如下启示：仅仅依靠账面市值比 B/M 等相对估值指标来单纯选择"便宜"股票的传统价值投资策略已远远不够，在投资组合构建时，应当更加重视公司的盈利能力和业绩表现，从而可以选出真正优质且估值合理的目标公司，避免由于过度关注估值而难以甄别一些落入财务陷阱的公司。

第三节　错误定价理论

新古典金融学的核心分析框架就是无套利均衡原理，这是微观经济学中一般均衡理论在资产定价研究中的实际应用，凡是在一般均衡状态下的资产价格必然都是无套利的。纵观现代金融学里经典资产定价理论的组成部分，资本资产定价模型（CAPM）、套利定价理论（APT）、期权定价理论（OPT），以及近几年提出的前沿模型如 Q 因子定价模型、Fama – French 三因子、五因子定价模型等，均是在无套利均衡分析的理念下建立的，可见现代资产定价理论发展的一条明晰主线便是在投资者理性假设和有效市场假说基础上的均衡分析。

　　然而，现实中的金融市场并不完全匹配无套利均衡分析中的完美状态。随着研究的深入推进，越来越多的股票市场异象被发现，经典资产定价模型并不能解释所有的异象，开始有学者对主流金融理论体系进行反思与改进，试图另辟蹊径，在经典金融模型的投资决策过程中加入个体的行为、心理、投资者情绪等因素，去解释那些与主流资产定价模型相悖的市场现象，因此行为金融理论便应运而生。

　　在行为金融理论的分析框架下，错误定价效应是解释各种股票市场异象的原因。股票价格被错误定价是相对于其基本面决定的内涵价值而言，内涵价值的具体测算是通过上述 DDM、RIM 等经典模型在内的各类股票估值模型。正是由于市场中部分非理性投资者各类行为偏差（behavioral bias）的存在，才引起了市场中各种错误定价现象的发生。当投资者过度乐观时，会推动股票价格显著超出其内涵价值，从而股价高估；而当其悲观情绪主导时，会引起股价一段时间的相对低估，而此时市场中的另一部分理性投资者通过抓住错误定价机会进行交易，从而推动股票价格逐渐回归理性的内涵价值，这个过程就是投资者捕获超额收益的本质机制。

　　因此可以推断，错误定价同样可能是造成公司盈利和预期投资收益呈正向相关关系的理论解释。具体来讲，就是由于部分投资者的非理性行为，可能会造成他们对于公司的盈利信息反应滞后，使其低估了盈利出色公司未来的收益表现，而高估了盈利平庸公司的未来收益情况，因此造成了高盈利公司的估值相对偏低而低盈利公司的估值相对偏高。并且这种错误定价现象会在市场中持续一段时间，而在接下来市场中的各类套利交易会促使由于投资者对盈利的预期偏差而产生的错误定价被修复，从而导致了盈利溢价现象——投资高盈利公司会比低盈利公司斩获更高的超额收益。总结来看，国内外学者在研究错误定价理论对于市场异象的解释时，通常主要关注有限套利（limits – to – arbitrage）理论、有限关注（limited attention）理论、估值不确定性（valuation uncertainty）理论与溢价效应间的关系。

一、有限套利

尽管到目前为止，行为金融理论还没有形成一个公认的研究体系，但是市场的非有效性和有限套利在专注于该领域的学者中已基本达成共识。有限套利是行为金融学体系的核心理论基础，是对经典资产定价模型中无套利均衡分析框架的突破。当股票市场中的套利是完全充分的，意味着股票被错误定价时，专业的套利投资者会很快发现这些交易机会，因此促使价格随之及时地做出反应。在一个完美市场中，当套利者全部都是理性投资者，并且获取的信息完全对称、套利收益不存在风险、且套利过程没有交易成本时，股票错误定价现象稍纵即逝，瞬间就可以被市场完全消除，也就是回归于无套利均衡的状态。

然而 Shleifer 和 Vishny（1997）研究指出，由于市场上套利风险和交易摩擦的存在，投资者进行套利时是需要成本的，并且拥有的机会非常有限，套利成本会阻碍套利投资者充分发掘股票中的错误定价现象。如果当套利成本超过了套利收益，尤其是在套利成本非常高的情况下，整体市场将会花费更多的时间去修正股票估值，故股票的错误定价现象就可以持续。此后的一系列研究表明，有限套利可以对一些资产定价异象的存在提供合理的解释。

Ali、Hwang 和 Trombley（2003）研究表明，当股票交易成本越高时，拥有高账面市值比的股票组合收益更高，即股票的价值效应越强。Mushruwala、Rajgopal 和 Shevlin（2006）研究指出，由 Sloan（1996）提出的应计异象（accruals anomaly）在低股价、低交易量的股票中表现更加明显，即表明交易成本会增强企业的应计异象。Li 和 Zhang（2010）研究发现，交易成本越高，企业投资与股票预期收益的负相关关系越强，即交易成本会正向影响投资异象。Lam 和 Wei（2011）研究发现，可以刻画投资者有限套利和公司投资摩擦的代理变量通常高度相关，并且当有限套利程度越高、投资摩擦程度越大时，资产增长与股票平均收益之间的负相关关系越显著。基于以上研究，这里可以作出推测，有限套利可能会解释企业的盈利溢价，即如果盈利异象是由于股票错误定价引起的，盈利溢价应当在有限套利程度更高的公司股票中表现更为明显。

二、有限关注

有限关注是行为金融理论的又一重要概念，是从认知心理学入手，研究投资者对于信息的关注程度与股票市场异象的关系。在经典资产定价模型中，假设投资者可以充分关注信息，进入金融市场的信息均可迅速反映在股票价格中。然而在现代金融市场中，随着技术手段的创新，市场变化错综复杂，信息无论是在种类、数量还是更新速度上，都呈爆炸式的增长，因此对于投资者，由于受到自身时间、能力与精力的限制，不能对于市场上的所有信息都能充分、及时地获取到，势必对于海量的信息进行了选择性的关注，因而投资者只会对引起其注意的信息进行处理，来相应配置自身的投资组合。信息对股票价格的影响的传导途径是投资者的交易行为，仅有受到投资者关注的信息才会真正对股票价格变化产生影响，因此投资者的有限关注会造成股票一定时间内的错误定价。

相关前沿研究表明，部分股票市场异象可以归因于有限关注理论，有学者研究发现，投资者的有限关注会造成金融市场对相关信息短期内反应不足、长期反应滞后的结果。Dellavigna 和 Pollet（2009）指出，由于投资者的有限关注，会引起所谓的"盈余公告漂移"（Post Earnings Announcement Drift，PEAD）——投资者对公司盈余公告信息的即期反应不足，从而在盈余公告后，股票价格会发生方向一致的持续、长期变化，即"漂移"现象，即对于个股而言，盈余公告对股票收益有正向影响。PEAD 效应表明了投资者的有限关注可以影响股票价格和收益预测，Hirshleifer、Lim 和 Teoh（2011）也得到了类似结论。Cohen 和 Frazzini（2008）实证研究证明，由于投资者的有限关注，股票价格无法迅速反映影响股票估值的相关重要信息（公告、新闻、分析师研报等），从而造成了股价在信息公布后有一段时间的"漂移"，故拥有正向信息的公司拥有更高的预期收益。这里可基于现有研究作出推测，有限关注可能是造成公司盈利溢价效应的原因，即当投资者对于高盈利公司的基本面信息反应不足时，此类公司易发生错误定价，从而带来更高的预期收益。

三、估值不确定性

经典金融理论中，假设所有投资者都是理性的，这样资产价格的波动就主要来自宏观经济环境波动、企业基本面信息变化等方面的作用，而对有关个人决策的影响并不过多考虑。相比之下，行为金融学中更加重视投资者自身的差异，由于个体因素差别，不同投资者会对市场形势、经济状况有不同的认知差异，并附加自身的主观判断，从而会造成个体的行为偏差，具体包括心理偏差（emotional bias）和认知偏误（cognitive error）两大类。投资者的行为偏差同样会对股票价格造成影响。

Daniel、Hirshleifer 和 Subrahmanyam（1998）构建了 DHS 理论模型，认为投资者在进行资产配置时会存在两种心理偏差：一种是自我归因偏差（self-attribution bias），另一种是过度自信（overconfidence）。在上述两种偏差的共同作用下，股票价格会在短期表现出动量惯性效应，而在长期表现出反转效应，并且当有关企业估值信息存在更多不确定性时，这两种心理偏差会更加凸显，从而使针对信息产生的股票价格调整过程需要更长的一段时间来完成。类似地，Hirshleifer（2001），Daniel、Hirshleifer 和 Subrahmanyam（2001）均在理论上证明了当存在更高的股票估值信息不确定性时，投资者的行为偏差会更强，由行为偏差引起的错误定价效应也会更加突出。Zhang（2006）研究发现，动量投资策略在配置存在更多信息不确定性的股票时，可以获得更高的超额投资收益。

鉴于此，可以作出推测，对于存在很强信息不确定性的股票，投资者需要投入更多的关注度和主观认知努力去探究公司盈利情况、基本面信息等对于股价的影响。对于估值高度不确定的股票，由于在认知能力与信息取得渠道方面的差异，有不少投资者很有可能仅仅是通过凭借经验法则甚至是自身直觉来进行投资决策，从而使其对此类股票的估值相关重要信息反应不足，就可能造成盈利溢价的出现。

第四章
实证研究方法

第一节　数据来源与样本选择

一、数据来源

本文研究的所有上市公司样本均来自上海、深圳 A 股市场和创业板，以求涵盖多层次中国资本市场上公开交易的全部股票。上市公司的财务报表数据（资产负债表、利润表、现金流量表）全部来自沃顿商学院金融研究数据库（Wharton Research Data Services，WRDS），宏观经济数据、上市公司股票交易数据、停复牌信息数据、特别处理与特别转让数据等其余所有数据信息均来自中国股票市场交易数据库（CSMAR）① 和锐思（RESSET）数据库。

二、股票收益相关变量

（一）股票月度收益率

构建投资组合时，股票收益率的周期选择月度收益率，并选用考虑了现金红利和再投资收益后的月个股投资回报率，月回报率计算公式为

$$R_{i,t} = \frac{P_{i,t}}{P_{i,t-1}} - 1 \tag{4.1}$$

其中，$P_{i,t}$ 为第 i 只个股在第 t 个月的最后一个交易日考虑了现金红利再投

---

① 中国股票市场交易数据库（CSMAR 数据库）由国泰安信息技术有限公司与香港大学中国金融研究中心（CCFR）合作建立。

资的日收盘价的可比价格,$R_{i,t}$ 为个股 i 在第 t 个月的月度投资收益(包括现金红利和再投资收益),也记作 $RET_{i,t}$。

（二）股票惯性收益

根据 Jegedeesh 和 Titman（1993）,股票的惯性收益为当前交易日所在月份 t 的过去 12 个月（$t-12$）至过去 1 个月（$t-1$）期间,该公司股票的累计投资收益率,用 MOM 表示,旨在刻画股票市场的惯性效应（momentum effect）,即当前公司股票价格变化与一年前的股价变化趋势趋同的现象。惯性收益计算公式为

$$MOM_{i,t} = \exp\left\{ \sum_{\tau=0}^{11} \log(1 + R_{i,t-12+\tau}) \right\} - 1 \tag{4.2}$$

其中,$MOM_{i,t}$ 表示第 i 只股在第 t 个月时的惯性收益。

（三）市值加权型投资组合收益

在 t 月计算组合的加权投资收益时,组合中个股的收益权重采用其市值额,计算公式为

$$R_{vp,t} = \frac{\sum_{i=1}^{n} R_{i,t} \times MV_{i,t-1}}{\sum_{i=1}^{n} MV_{i,t-1}} \tag{4.3}$$

其中,$R_{vp,t}$ 表示市值加权组合（value weighted portfolio）在 t 月的收益率,MV_i 为个股 i 的流通股市值。

（四）等额加权型投资组合收益

在 t 月计算组合的加权投资收益时,假设组合中每一只股票所投资的额度均相同,故等额加权投资组合的收益为组合中所有个股投资收益的算术平均值,计算公式为

$$R_{ep,t} = \frac{\sum_{i=1}^{n} R_{i,t}}{n} \tag{4.4}$$

其中,$R_{ep,t}$ 表示市值加权组合（equal weighted portfolio）在 t 月的收益率,n 为投资组合中的个股数目。

三、样本选择

本文根据研究需要,对于所选样本依照以下条件进行筛选和修正。

（一）研究区间选择

本文实证研究的区间为 2001 年 1 月 1 日至 2015 年 6 月 30 日,该区间选

择主要是基于以下几点因素的综合考量：（1）中国股票市场自沪深两市1991 年前后建立开始进行交易，在股票市场成立后的最初十年里，由于相关监管政策的不健全和资本市场基础设施的不完善，企业财务造假与股票投机、内幕交易等现象较为突出；（2）处于起步阶段的中国资本市场，上市公司数量少、股价波动率较大、相关财务数据缺失较多，同时，我国上市公司自 1998 年开始才编制现金流量表，故各类数据库中 1999 年 1 月之前的中国上市公司现金流量表（直接法和间接法）数据都是缺乏的，无法得到需用现金流量表相关项目计算的指标；（3）结合本文第二章第五节中的中国股票市场环境分析可知：在 2001 年之后，随着相关市场交易制度的完善、各项监管政策改革逐一落实，多层次资本市场环境日渐形成，相比资本市场成立之初的十年里，上市公司在会计透明度和审计质量上均显著提升，投资者市场行为有所规范，股票价格的信息含量显著上升，价格发现机制逐步完善；（4）由于篇幅的限制，并与有关中国市场的最新国际前沿研究 Carpenter、Lu 和 Whitelaw（2015），Allen、Qian、Shan 和 Zhu（2015）的样本区间选择一致，本文实证研究部分的主要汇报区间均统一为 2001 年至 2015 年，而在未汇报的表格中，本文在样本期间的选择方面做了一系列稳健性检验：发现若将样本起始点拓展至 1995 年时（如 Chen et al.，2010），相关策略的主要发现与结论均保持一致，但投资表现的显著性水平和绝对数值大小方面都发生了不同程度的下降。

（二）剔除金融行业股票

金融行业公司的资本结构往往与非金融类差异性很大，具有高负债、高杠杆等特点，二者的相关财务指标往往可比性不强，故在资产定价实证研究中一般均将金融类股票剔除。本文金融行业的分类采用中国证监会行业分类标准——《上市公司行业分类指引》来确定。

（三）排除 ST、PT 类股票的影响

对于特别处理（ST）、特别转让（PT）类股票，依照如下规则按月度对相关投资组合进行动态处理：在每个月月初对当前投资组合中的公司状态进行逐一查询，如果某公司从正常交易状态变动为被 ST、PT、退市，或者继续保持之前的 ST、PT 状态[①]，则将该公司股票从投资组合中剔除；持有投资组合到下个月月初重新考察公司的状态，查询公司的最新 ST、PT 情况，如果之前已

---

① 包括的状态情形有：正常交易变为 ST；正常交易到 *ST；正常交易到退市；从 ST 到 PT；从 ST 到 *ST；从 ST 到退市；从 PT 到 ST；从 PT 到退市；从 *ST 到 ST；从 *ST 到退市。

剔除的公司被摘帽①，则将其纳入投资组合，如果有已持有的公司被 ST、PT，则将之从投资组合中剔除。

（四）排除数据缺失值对于样本的影响

剔除在投资策略形成期和持有期中，相关重要财务数据大量缺失或者由于停牌等原因无股票交易数据的公司。这样保证投资组合里股票价格信息的连续性和依靠相关代理变量分组排序进行对比时的合理性。

（五）排除数据极端值对于样本的影响

计算公司的相关财务指标、比率时，剔除不符合实际情况的异常值，例如剔除毛利资产比大于 1 或小于 -1 的观测值；在实证研究过程中，对于所采用的相关重要自变量均在 1% 和 99% 的分位数水平下进行了缩尾统计处理（winsorize），在不减少整体样本量的前提下，降低异常值对于整体实证研究结果的影响。

（六）排除 IPO 效应

根据国内外学者的相关实证研究发现，公司通常会选择其经营业绩最强劲的一年来公开发行股票，而在 IPO 年份之后的一年中，公司经营业绩（例如通过 ROA、ROE 等指标来衡量）通常会发生显著的下降，甚至会低于上市前的平均水平，这就是"IPO 效应"。考虑到 IPO 效应对于投资组合的影响，本文在样本遴选时剔除上市不足一年的公司股票，以增强样本中公司基本面信息的可比性。

（七）剔除财务困境公司

为了排除财务困境公司对于整个样本公司的基本面数据结构造成的异常影响，这里剔除净资产账面价值为负值的公司。

第二节　变量选择与定义

一、公司特征变量

（一）账面市值比

根据 Fama 和 French （1993）中的定义，账面市值比利用如下公式进行计算，分子项采用 $t-1$ 年末，即 $t-1$ 年 12 月底公司资产负债表中的年度股东权

---

① 包括的状态情形有：从 ST 恢复到正常交易；从 *ST 恢复到正常交易；从 PT 恢复到正常交易。

益账面价值，而由于在每年6月底构建投资组合，分母项为保证交易数据的及时性，采用 t 年6月底的月末个股流通市值。

$$(B/M)_{i,t} = BV_{i,t-1} / ME_{i,t} \tag{4.5}$$

其中，$(B/M)_{i,t}$ 为个股 i 在 t 年6月底的账面市值比（Book to Market value，B/M），$BV_{i,t-1}$ 为其 $t-1$ 年12月底的所有者权益账面价值（Book Value，BV），$ME_{i,t}$ 是其在 t 年6月底的个股市值总额（Market Equity，ME）。

（二）公司规模

本文中的上市公司规模通过股票市值反映，个股的股票市值具体分为流通股股票市值（Tradable Market Value，MV）和总市值（ME），分别用 t 年6月底的公司股票价格乘以当期公司的流通股股本数和总股本数计算得到。本文实证研究过程中使用的 SIZE 变量为股票流通市值取自然对数计算得到，公式为

$$SIZE_{i,t} = \ln(MV_{i,t}) \tag{4.6}$$

（三）公司资产

公司资产总额，t 年构建投资组合时使用的公司资产信息使用该公司上一个财年年底即 $t-1$ 年底公司资产负债表中的账面资产总额（asset），AT 表示对其取自然对数值，计算公式如下：

$$AT_{i,t} = \ln(asset_{i,t-1}) \tag{4.7}$$

（四）现金股利支付率

$DIV_{i,t}$ 表示公司 i 在 t 年的现金股利支付率，现金股利具体用每股税前现金红利来衡量，当 t 年公司每股税前现金红利大于0即上市公司在 t 年发放现金股利时，$DIV_{i,t}$ 取值为1，否则取0。

（五）公司异质风险

公司异质风险（idiosyncratic volatility，IVOL），即该公司的非系统性风险，通过日滚动回归计算的方法得到，一般根据计算时所采取回归模型的不同可以分为 CAPM 模型异质风险和三因子模型异质风险，而目前在实证研究中所采用的 IVOL 一般使用后者（Ang et al.，2009）。

基于三因子定价模型，计算每个交易日的异质风险方法为：通过对从该日起到过去一年（250个交易日）中的相关历史日收益率数据（股票日投资收益、规模因子收益、账面市值比因子、市场溢酬因子）进行 Fama - French 三

因子模型回归[①]，得到三因子回归模型的残差，再对该残差值计算标准差，即可得到当日的异质风险。实证研究中的 IVOL 值一般使用上述异质风险求自然对数后的结果，本文构建投资组合时对应的异质风险为 t 年 6 月底计算的 IVOL 值。计算公式如下：

$$r_{i,t} - r_{ft} = \alpha + \beta_i\, MKT_t + h_i\, HML_t + s_i\, SMB_t + \varepsilon_{i,t}$$

$$IVOL_{it} = \ln\left(\sqrt{\frac{1}{N}\sum_{i=1}^{N}(\varepsilon_{i,t} - \overline{\varepsilon_{i,t}})^2}\right), N = 1, 2, \cdots, 250 \qquad (4.8)$$

其中，$r_{i,t}$ 和 r_{ft} 分别表示个股 i 在 t 日的日度股票投资收益率和日无风险收益率，MKT_t、HML_t 和 SMB_t 分别表示 Fama – French 三因子模型中的市场溢酬因子、账面市值比因子和规模因子在 t 日的组合收益率，$\varepsilon_{i,t}$ 为 t 日的回归残差值，$IVOL_{it}$ 表示个股 i 在 t 日的异质风险，N 为交易日编号。

（六）股票换手率

股票换手率，定义为一段时间的股票成交量与流通股股数之比。t 年 6 月底构建组合时使用的换手率指标 TURN 为：计算过去一年里即从 $t-1$ 年 7 月 1 日至 t 年 6 月 30 日，该股票的所有交易日换手率的年度平均值，TURN 表示对此年度平均换手率再取自然对数，计算公式如下：

$$TURN_{i,T} = \ln\left(\frac{1}{N}\sum_{t=1}^{N}\frac{Vol_{i,t}}{Num_{i,t}}\right) \qquad (4.9)$$

其中，$TURN_{i,T}$ 为股票 i 在 t 年 6 月底时的年度平均换手率指标，$Vol_{i,t}$ 为其日个股成交量，$Num_{i,t}$ 表示日个股流通股总股数，N 为交易日编号。

（七）股票收盘价格

构建投资组合时，所参考的收盘价格指标为 t 年 6 月底个股收盘价求自然对数值计算得到，用 PRC 表示，公式如下所示。Stoll（2000）研究指出，股票收盘价格与由买卖价差和券商经纪人佣金衡量的投资交易成本负相关，故这里用股票收盘价格作为股票交易成本的代理变量之一。

$$PRC_{i,t} = \ln(P_{i,t}) \qquad (4.10)$$

其中，$P_{i,t}$ 表示个股 i 在 t 年 6 月 30 日的收盘价。

（八）股票成交总金额

Bhushan（1994）研究指出，股票成交金额与大额订单对股价冲击、单笔

---

① 较早期的资产定价实证研究在计算 IVOL 时采用 CAPM 模型进行回归求得残差值，而在 Fama – French 三因子模型成为衡量超额收益的"基准"模型之后，大部分学者在使用 IVOL 时均采用三因子模型来回归求残差计算得到。

交易成交时间、大单交易完成速度均呈负相关关系，即股票成交总金额同样为刻画交易成本的代理变量。具体计算方法是，在 t 年 6 月底，计算过去一年里即从 $t-1$ 年 7 月 1 日至 t 年 6 月 30 日期间的日收盘价与日成交股票数乘积的总和得到的年度股票成交总金额变量，RVOL 表示对该股票总成交金额再取自然对数值，计算公式如下：

$$RVOL_{i,T} = \ln\left(\sum_{t=1}^{N} P_{i,t} \times Vol_{i,t} \right) \tag{4.11}$$

（九）Amihud 非流动性测度

金融资产定价的实证研究中，衡量股票非流动性程度的最经典指标由 Amihud（2002）提出，用来衡量股票由于流动性不同所带来的交易成本差异，指标大小与交易成本正相关。具体计算方法为，在 t 年 6 月底，计算过去一年中即从 $t-1$ 年 7 月 1 日至 t 年 6 月 30 日，日个股回报率的绝对值除以日个股成交金额，再对该比值求年度平均值即得到非流动性指标，ILLIQ 表示对求得的此非流动性指标再取自然对数值，计算公式如下：

$$ILLIQ_{i,T} = \ln\left(\frac{1}{N} \sum_{t=1}^{N} \frac{|\ln P_{i,t} - \ln P_{i,t-1}|}{P_{i,t} \times Vol_{i,t}} \right) \tag{4.12}$$

其中，$ILLIQ_{i,T}$ 表示在 t 年 6 月底构建投资组合时，个股 i 的 Amihud 非流动性指标，而 $P_{i,t}$ 为其 t 日收盘价，$VOL_{i,t}$ 为其 t 日的交易额。

（十）企业产权性质

根据企业的产权性质将样本中企业分为国有企业和私有企业。国有企业的界定标准是最终控制人属性，根据 CSMAR 中提供的上市公司控制人信息，实际控制人为国务院国有资产监督管理委员会（国资委）、财政部、地方政府国资委、其他政府机构的企业和事业单位可以被定义为国有企业，用 SOE 表示；而实际控制人为其他机构或者团体的企业则相应被定义为民营企业，表示为 PE。

二、公司盈利性变量

高品质的公司应该具有健康的经营现状和财务水平，良好的盈利能力和盈利质量是最直接且最重要的体现。在构建基于盈利性驱动的价值投资策略时，选择刻画公司盈利性的代理变量进行选股分析是关键。为了全面衡量企业的盈利性，确保实证研究的稳健性，在深入剖析现有研究的基础上，本文采用四种代理变量作为反映公司盈利性的测度指标，分别包括毛利资产比、股东权益收益率、资产收益率和投资资本回报率。

（一）毛利资产比

毛利资产比是 Novy – Marx（2013）最新发现的企业盈利异象变量，一经发现就迅速引起了学术界的关注，被证明对于股票横截面收益具有很强的预测效力，并以它衡量的盈利溢价效应在世界范围内很多成熟的资本市场中均显著存在（Sun、Wei 和 Xie，2014；Ball et al.，2014；Lam、Wang 和 Wei，2014）。之前学者发现和常使用的盈利代理变量大部分都是由损益表中的底线收益类（bottom – line income）项目来构造（如净利润、利润总额等），相比之下，该变量的分子采用损益表中较顶端的会计科目——毛利，优势在于可以更好地反映经济意义上的真实盈利性，且毛利不会因利息支付而减少，独立于公司的财务杠杆决策。

例如，一家拥有较高销售收入和较低生产成本的公司无疑具备良好的盈利能力和增长预期，但即使这样，该公司可能会比其竞争者表现出更低的当期净利润：当该公司通过激进的广告营销或者增加销售代理佣金的方式力求快速提高其销售额时，即使这些策略是当期最优的，依然会减少该公司报表的相关底线收入，使其低于实际盈利水平更差的竞争者；类似地，如果该公司当期投入大量研发支出旨在增加其产量优势，抑或是加大组织资本投入来保证其竞争的比较优势，均会导致当期净收益的降低；而且，某公司直接用于增加公司运营规模的资本支出会使其自由现金流低于同类型竞争者。上述现象对于快速扩张期的公司尤其明显，但这并不能说明此类企业盈利能力差。

针对中国市场而言，在 2000 年前后，上市公司曾经历了一段时间的会计数据造假严重、财务欺诈问题凸显的阵痛经历，经过这些年国家对相关法规与监管措施的完善、市场环境的规范，这些问题已经得到了较好的改善，但必须承认的是，此类现象在部分上市公司中依然存在。而毛利资产比指标采用靠近损益表顶端的会计项目，无疑可以在一定程度上降低由财务数据质量本身对公司真实盈利评估造成的偏差影响，提升客观性。

具体来看，毛利资产比指标利用如下公式计算得到，分子项为企业毛利，利用 $t – 1$ 年末，即 $t – 1$ 年 12 月底公司利润表中的营业收入和主营业务成本项间作差得到，分母项为 $t – 1$ 年 12 月底公司资产负债表中的资产总计。

$$GPA_{t-1} = \frac{OR_{t-1} - COGS_{t-1}}{AT_t} \qquad (4.13)$$

其中，GPA 表示企业毛利资产比（Gross Profit to Asset，GPA），OR 为营业收入，$COGS$ 为主营业务成本，而营业收入与主营业务成本之差为毛利。

（二）股东权益收益率

在学术领域，股东权益收益率（ROE）是企业盈利性最常用也是最经典的代理变量之一，在资产定价的实证研究中被频繁使用。Haugen 和 Baker（1996）的实证研究探究了股票横截面收益的决定因素，指出用 ROE 衡量公司盈利，可以预测公司股票的预期收益。此后，Fama 和 French（2006，2008）同样将 ROE 作为代理变量来研究企业盈利与股票收益之间的关系，而在最新提出的五因子定价模型（Fama 和 French，2015）和 Q 因子模型（Hou、Xue 和 Zhang，2015a）中，盈利定价因子的构建也均使用了 ROE 指标。

在投资领域中，ROE 同样是价值投资者考察公司品质的重要分析工具。例如巴菲特就非常重视 ROE 指标的使用，他在写给伯克希尔·哈撒韦公司股东的信中就曾明确表示，评估一家公司经营情况是否良好应当借助扣除了非经常性项目损益和非常规财务杠杆之后的 ROE，他也曾公开表示：如果仅仅能用一个指标来衡量公司，他就会选择股东权益收益率。此外，他为伯克希尔公司设定的业绩衡量标准就是 15% 的 ROE 水平，而且其很多重仓买入的股票都是对 ROE 长时间稳定在 15% 甚至 20% 的公司处于折价时期进行建仓。

根据 Fama 和 French（2015）中的定义，股东权益收益率（ROE）利用如下公式进行计算，分子采用 $t-1$ 年末，即 $t-1$ 年 12 月底公司利润表中的净利润，分母项为 $t-1$ 年 12 月底公司资产负债表中的所有者权益账面价值总额。

$$ROE_{t-1} = \frac{NI_{t-1}}{TSE_{t-1}} \qquad (4.14)$$

其中，ROE（Return on equity）表示股东权益收益率或净资产收益率，NI 表示企业净利润，TSE 为所有者权益合计。

（三）资产收益率

资产收益率（ROA）是用于衡量企业所有负债与股东权益的总资产回报率，即企业资产的综合利用效果。同 ROE 类似，ROA 也是用于反映企业盈利水平的经典财务指标，二者最主要的区别便是 ROA 反映了企业股东和债权人共同投入资金的回报率，即总资产的盈利能力，而 ROE 主要反映股东投入资金的利润率。

无论在单因素选股还是多因素选股体系的理论研究中，ROA 均是最重要的公司盈利性代理变量。Balakrishnan、Bartov 和 Faurel（2010）实证研究证明了企业盈亏公告漂移效应（loss/profit announcement drift）的存在性，基于盈余公告信息构建多空对冲投资组合可以获得高达 21% 的年化投资收益，而该文在衡量企业盈利状况时所使用的唯一指标就是 ROA；Lam、Wang 和 Wei（2014）利用了 1963—2010 年的美国市场数据，实证研究证明了盈利溢价的存在性，并指出宏观风险因素只能捕捉到少部分企业盈利与未来投资收益的正相关关系，盈利溢价效应更多是归因于基于投资者情绪的错误定价因素，其中在进行单因素选股构建投资组合时，盈利变量就分别采用了 ROA 和 ROE 指标。而在经典的多因素选股模型——Piotroski 模型中，主要通过 9 个变量对样本股票进行多元评分，评估公司的品质，从而筛选出优质目标公司，该体系中有两个变量均与 ROA 相关，分别为当期 ROA 水平和 ROA 增长率（Piotroski，2000）。因此，ROA 在价值投资策略中的重要性显而易见，无论是单独使用，还是联合其他指标进行多维选股，对于实践中构建投资组合均有着很强的指导意义。

根据 Piotroski（2000）中的定义，资产收益率（ROA）利用如下公式进行计算，分子采用 $t-1$ 年末，即 $t-1$ 年 12 月底公司利润表中的净利润，分母项为 $t-1$ 年 12 月底公司资产负债表中的资产总计。

$$ROA_{t-1} = \frac{NI_{t-1}}{AT_{t-1}} \tag{4.15}$$

其中，ROA（Return on asset）表示公司的资产收益率，NI 为企业净利润，AT 为资产总额。

（四）投资资本回报率

投资资本回报率（ROIC）又称作格林布拉特企业品质标准，根据 Greenblatt（2006）提出的"神奇公式"投资分析框架，企业投入的有形资本金回报率（Return on Invested Capital，ROIC）可以作为衡量公司盈利水平的重要代理变量，在剔除了企业资本结构变动对盈利造成的影响下，直接反映了企业的经营利润率、资源利用效率和价值创造的能力，整体来看，高 ROIC 公司具有"低投入、高产出"的突出特点。

ROIC 可以依据以下公式进行计算，其中息税前收益（EBIT）由 $t-1$ 年 12 月底公司利润表中的利润总额和财务费用求和计算，而企业投资资本由 $t-1$ 年 12 月底公司资产负债表中的流动资产、流动负债、固定资产净值项目计算得到。

$$ROIC_{t-1} = \frac{EBIT_{t-1}}{IC_{t-1}} \tag{4.16}$$

其中，ROIC 表示投资资本回报率，EBIT 为息税前收益，IC（Invested Capital）为企业的净有形资本，其中分子、分母计算方式分别为

$$息税前收益(EBIT) = 营业收入 - 营业成本 - 营业税金及附加 - 管理费用$$
$$- 销售费用 = 利润总额 + 财务费用$$
$$= 净利润 + 所得税费用 + 财务费用$$
$$投入资本(IC) = 净营运资产 + 固定资产净值$$
$$= (流动资产 - 流动负债) + 固定资产净值$$

ROIC 的分子项目使用 EBIT 的优势在于：第一，EBIT 不包括营业外收支，尽管这部分收支常与主营业务有关，但往往不具有可持续性，这样可以反映企业核心业务的盈利能力，使得企业绩效与占用资源更好的匹配；第二，EBIT 不受公司自身杠杆水平和税率差异的影响，使投资者能了解和比较不同公司的生产经营活动投入资本的收益率，而不论这些资本是来自权益还是债务，不会出现由于税率和负债水平不同而导致的盈利曲解。

ROIC 的分母项目为经营公司业务所需要的资本，排除了公司不同融资决策对盈利的影响。格林布拉特认为，预收账款和应付账款等是相关方提供给公司的无息资金，不应包括在分母中，计算时使用"净营运资产"和"净固定资产"项之和。这样处理是为了计算出企业实际经营活动所需资本，因为在生产经营中，一家公司不得不为其应收账款和存货支付资金。同时，公司需要支付经济活动所必需的固定资产，如房地产、厂房和设备等，所以应该再加上这些固定资产以计算出公司实际经营活动所占用的资本。

三、样本描述

表 4 - 1 汇总显示了本文实证研究涉及的公司特征、盈利性等相关的变量描述性统计信息，具体统计内容依次包括样本个数（N）、平均值（MEAN）、标准差（STD）、最小值（MIN）、25 分位数（P25）、中位数（MEDIAN）、75 分位数（P75）、最大值（MAX）。

由表 4 - 1 中统计可知，根据不同变量的计算规则及相关筛选条件的共同作用，每种变量对应的样本公司数在 1 400 ~ 1 960 的范围内。具体从中国股票市场 2001—2015 年的样本来看，在企业盈利性指标方面，GPA 的平均值为 13.1%，中位数为 11.5%，绝大部分观测值位于 7.4% ~ 17.2% 的区间中变动，样本中 GPA 的最大值为 35.8%，最小值为 0.6%，标准差为 8%，其他盈利指标中，ROA、ROE 和 ROIC 的平均值分别为 4.3%、8.4% 和 11.4%。

在市场整体估值方面，账面市值比（B/M）的平均值为 0.399，主要变化范围在 0.211 至 0.521 之间，账面市值比的倒数为市净率指标，即从 2001 年至 2015 年间，整个 A 股市场的平均市净率水平为 2.51，主要在 1.92 至 4.74

间变化。

在股票收益率方面，观察个股月平均收益（RET）为 1.2%，月平均收益的最大值高达 72.8%，最小值低至 - 42.6%，主要变动区间为 - 6.9% 至 +8.4%，个股月平均收益率的波动幅度很大，收益标准差为 12.6%，一定程度上体现了在中国股票市场中，个股层面上收益的不确定性强、波动显著的特征。年度惯性收益率（MOM）的平均值为 18.2%，最小值低至 - 82.6%，最大值高达 555.1%。

表 4 - 1   变量描述性统计

VAR	N	MEAN	STD	MIN	P25	MEDIAN	P75	MAX
GPA	1726	0.131	0.080	0.006	0.074	0.115	0.172	0.358
ROA	1733	0.043	0.060	- 0.213	0.015	0.043	0.075	0.185
ROE	1733	0.084	0.115	- 0.482	0.035	0.084	0.142	0.396
ROIC	1960	0.114	0.147	- 0.401	- 0.041	0.104	0.182	0.140
SIZE	1549	14.366	1.073	11.932	13.580	14.289	15.035	17.110
B/M	1774	0.399	0.252	0.027	0.211	0.336	0.521	1.314
RET	1388	0.012	0.126	- 0.426	- 0.069	0.004	0.084	0.728
MOM	1395	0.182	0.704	- 0.826	- 0.248	- 0.025	0.374	5.551
IVOL	1652	- 3.895	0.390	- 4.746	- 4.109	- 3.874	- 3.648	- 1.886
TURN	1865	- 4.299	0.868	- 6.439	- 4.951	- 4.213	- 3.641	- 2.466
PRC	1522	2.247	0.595	0.788	1.812	2.216	2.667	3.666
ILLIQ	1757	- 20.764	1.264	- 23.734	- 21.670	- 20.838	- 19.851	- 17.402
RVOL	1757	22.750	1.205	19.531	21.947	22.865	23.612	25.260
AT	1733	21.456	1.096	19.547	20.650	21.324	22.125	24.432

第三节　主要研究方法

一、投资组合分析法

资产定价的实证研究中，众多资深金融学家包括法玛（Fama）、佛伦齐（French）、施莱弗（Shleifer）等人在发掘和检验市场异象变量、研究市场定价因子的过程中，使用到的比较成型的一种研究方法是投资组合分析法（portfolio analysis），而这与实务投资中的投资组合构建也密切相关。

实施投资组合分析法的过程中，最核心的环节便是进行因素排序，即根据不同投资策略的投资风格来选取相应市场异象的代理变量，依照该代理变量对资产池中的股票进行排序分组，进而可以构建投资组合，并根据数据的更新，在一定周期后（通常为一年）对投资组合进行再平衡（rebalance），判断该策略是否可以获取超额投资收益。在投资组合分析法中，基于排序变量选取的多少可以具体分为单因素排序和多因素排序。

（一）投资组合的构建与再平衡

根据 Fama 和 French（1993、1998、2006、2008、2015）、Novy – Marx（2013）、Zhang Lu（2005）、Lakonishok Shleifer 和 Vishny（1994）、Shleifer 和 Vishny（1997）等人在资产定价领域里程碑意义的经典研究，在根据市场异象变量排序、构建投资组合时，总体上均依照以下原则进行：

1. 在 t 年 6 月底构建投资组合，进行股票筛选的指标在计算时所需数据如果来自公司财务报表，则使用上一个会计年度即 $t-1$ 年底的公司财务数据，以保证在构建投资组合时，所需上一个财年的公司报表数据均已经可以获取；如果与公司股票市场交易数据相关，则使用最新交易数据即 t 年 6 月底的交易数据，以保证数据的及时性。

2. 构建好的投资组合持有期为一年，即从 t 年 7 月初持有至 $t+1$ 年 6 月底，持有期间不对投资组合进行变更或调整操作；$t+1$ 年 6 月底，根据上市公司更新后的财务数据和股票交易数据对投资组合进行调整和再平衡。

3. 投资组合收益的计算采用市值加权法[①]（value – weighted portfolio）和等额加权法（equal – weighted portfolio）两种方式，从而在衡量投资业绩时有更加客观的展现。

（二）单因素排序分析

单因素排序分析（single sorts）是指在遴选股票过程中，依靠单一公司评价准则或者市场异象变量对目标公司进行排序，而该排序变量的性质决定了投资策略的风格。例如，在经典价值投资策略中，学者通常采用账面市值比来区分价值股和成长股，拥有高账面市值比的公司通常一般被认为是价值型股票。常见的排序分组方式为，按照市场异象变量的大小将目标公司沿升序（或降序）排列，依照排序计算变量的相关分位数作为阈值，将所有公司分为 3 组、

[①] 由于一些历史原因，中国的很多上市公司股票含有由政府持有的非流通股（例如国家股、国有法人股等），并不能在股票市场上自由交易买卖，因此这里在计算市值加权投资组合时所用的权重为上市公司流通股的市场价值。

5 组或者 10 组。完成了将股票样本按照在该因素上的载荷值大小排序后，观察已分好各组的投资业绩表现在对应的组别间是否有单调性的趋势关系存在，并重点关注排序位于最高和最低的股票分组的投资业绩表现。

（三）多因素排序分析

多因素排序分析（multiple sorts）与单因素排序分析相对，是指在筛选股票时，可以同时依靠两个或三个市场异象变量对目标公司进行多元排序。具体实现时，在技术上可以分为独立多元排序（independent multiple sorting）和条件多元排序（conditional multiple sorting）。独立多元排序是指进行多元排序时，首先对每个单独的变量各自分别做排序，生成相应的分组标识，然后将其同时合并，根据生成的分组标识组合进行分析；条件多元排序是指将目标变量按顺序依次进行排序，而并非同时进行，即首先对第一个变量进行排序分析，之后在由第一个变量形成的子分组中再分别按照第二个变量排序，依次类推，最终完成多元排序，形成多元分组标识。在资产定价的实证研究中，学者大多采用独立多元排序法，因此本文在实证研究部分也采用独立法进行多因素排序分析。

相比单因素排序分析，多元排序可以同时考虑不同的市场异象，从而增加限制条件，这有利于将具备不同优势的价值投资策略实现相互融合，叠加不同的驱动影响，并控制可能影响策略表现的重要定价因子，减少目标股票被错误分类的可能性，有助于挖掘出更加明晰的投资机会，提高投资收益的表现。

（四）超额收益衡量

根据文献综述部分的梳理可知，早期衡量投资组合超额收益的基准是 CAPM 模型，随着资产定价理论的发展，目前在学术领域和投资业界，公认的投资组合业绩评估基准模型为 Fama – French 三因子模型，即对于某种策略构成的投资组合而言，只有在三因子模型基础之上仍然可以获得额外无法被其所解释的 alpha 收益，才被视为超额收益（abnormal return）。

Fama – French 三因子模型的 alpha 收益计算基于以下回归模型：

$$R_{i,t} - R_{ft} = \alpha + \beta_i MKT_t + s_i SMB_t + h_i HML_t + \varepsilon_{i,t}$$

其中，$R_{i,t}$ 为投资组合 i 在 t 期的组合收益率，R_{ft} 为同期的无风险收益率，MKT_t、SMB_t、HML_t 分别表示三因子模型在 t 期的市场溢酬因子、规模因子、账面市值比因子的组合收益率。如果进行该回归的参数估计运算后，截距项 α 在统计上显著大于 0，则表明该投资组合可以捕获显著为正的超额收益，该收益无法被三因子模型解释，因而也被称为风险调整后的收益（risk – adjusted return）。

（五）投资组合回报分析

无论是依靠单因素还是多因素排序分析，最终均会得到满足预设条件的目标股票分组排布情况，即不同的投资组合。对于投资者而言，在度量投资组合回报业绩时，需要重点考察两类组合建仓——纯多头投资组合（long - only portfolio）与多空对冲投资组合（long - short spread portfolio）。

构建纯多头投资组合即根据因素排序情况，做多（超配）排序最靠前的那一组中的公司股票，这会受到对市场走势预测较精确、投资风格相对激进，抑或是主动性更强、旨在迅速抓住机会的投资者的偏好，可能同时获取独立于市场的超额收益（即 alpha 收益）和市场平均收益（β 收益）两方面的回报，投资收益受市场风险影响大；构建"市场中性套利"的多空对冲投资组合，即在做多（超配）排名最靠前的股票的同时做空（或低配）排名最靠后的股票，这对于力求获得长期且稳定的 alpha 收益的投资者，尤其是资金管理规模巨大的机构投资者进行风险对冲、构建市场中性的 alpha 策略等操作有很大的现实意义，可能使其在控制整体市场风险的同时捕获到来自多头和空头组合两方面的 alpha 收益，并在市场熊市或弱势震荡环境中获得相对稳定的表现。

对比来看，在检验市场中某种异象变量的存在性、研究基于该代理变量构建投资策略的溢价现象的特征与程度强弱时，应当重点关注多空对冲投资组合的投资表现，即排序最高组与最低组之间的投资收益是否存在显著性差异。

二、回归分析法

（一）Fama - Macbeth 回归

本文实证研究的另一大重要分析手段是进行回归分析（regression analysis），这也是进行资产定价实证研究、探究市场异象变量对于股票横截面收益预测能力的经典分析工具。具体建模方法采用"法玛—麦克白回归法"（Fama and Macbeth Regression，1973），建立股票预期超额收益与待研究市场异象变量和相关控制变量的横截面回归模型，其中控制变量一般为重要的资产定价因子或者可能影响溢价程度的相关经济学解释因素代理变量，利用中国股票市场的数据对回归模型进行参数估计，考察被检验异象变量对于股票预期投资收益的解释力度，验证价值投资策略在中国市场的有效性和稳健性情况，寻找驱动投资策略的深层次逻辑框架。回归分析的优势在于可以直观地展示不同异象变量对于未来投资收益的预测方向与预测能力，并可以方便地做出横向比较，同时与投资组合分析的实证结果进行验证和相互支撑。

（二）模型特点

Fama - Macbeth 回归最早出现的背景是基于学者们对 CAPM 模型的检验，在此方法出现之前，大部分学者对于 CAPM 进行实证检验时普遍使用资产收益率对于市场 β 及其他潜在的异象变量进行横截面最小二乘回归（OLS），然而 OLS 假设回归的残差项之间不存在相关性，从而导致标准误出现偏差，造成参数估计有误。

对于股票收益数据进行回归分析时，残差项在时间序列的相关性并不明显，而在横截面上的相关性非常突出，Fama 和 Macbeth（1973）提出的两阶段回归法成功地解决了该问题。第一步，通过固定时间节点，把每一个月度视为一个子样本，然后在每一个月度横截面上进行 OLS 回归，得出参数估计，每个参数估计值可以视为整体参数的一个样本值；第二步，再将第一步中得到的呈月度时间序列排布的参数估计求平均值，求出总体的回归系数估计，并对其进行统计检验来判定显著性。在这两步处理中，回归参数估计值的逐月变化解释了回归残差项横截面相关性的所有影响，并且这些影响自动被归入到平均参数估计的时间序列标准误中，因此，该方法并不需要估计残差的协方差矩阵，以较为简单明了的方式解决了残差相关性问题，并给出了正确的标准误。该方法的初衷是用于检验 CAPM 模型，在后续研究中，被广泛应用到各种面板数据中，成为金融资产定价领域实证研究的标准分析工具。

第五章

盈利策略的实证研究发现

结合文献综述与理论研究部分的分析，本章实证研究、重点检验盈利溢价效应，主要关注了基于企业盈利代理变量 GPA、ROA、ROE 和 ROIC 构建的盈利驱动的价值投资策略在中国市场环境中的投资业绩表现，分别采用了投资组合分析法和 Fama - Macbeth 回归分析法来全面考察上市公司盈利性对于其股票未来投资收益的预测能力及盈利策略实践的有效性程度。

第一节　盈利组合特征分析

一、投资组合构建

构建盈利策略时，主要依靠相关盈利代理变量进行单因素排序分析来构建投资组合。依照 Fama 和 French（1993）的处理方式，为了避免受到前视偏差（look - ahead bias）的影响并保证在构建组合进行投资决策时所需公司基本面信息均已经公开发布，本文在计算相关盈利指标的过程中，要求所使用的公司财务相关数据相对于其股票市场收益信息数据有 6 个月的滞后期。

具体来说，即在 t 年 6 月底，分别根据公司上一个财年年底即 $t-1$ 年底的公司基本面信息来计算各盈利代理变量的具体数值，之后对于样本中的全体上市公司进行单因素排序选股，依照排序指标从小到大将所有样本公司分成 10 组，并分别按照从 1 到 10 的顺序进行标记。由各盈利变量定义可知，公司的 GPA、ROE、ROA、ROIC 指标均与盈利水平呈正相关，故第 10 组表示变量 GPA、ROE、ROA、ROIC 数值最大即盈利性排序前 10% 的股票，表示为 "High" 组，此类股票被定义为高盈利性公司；相应地，第 1 组表示盈利变量最小即盈利性排序后 10% 的股票，表示为"Low"组，此类股票被定义为低盈利性公司。盈利策略的投资组合每年 6 月底根据上一个会计财年的最新公司信息对投资组合进行再平衡，组合持有期为一年，从 t 年 7 月 1 日持有至 $t+1$ 年 6 月 30 日。

盈利溢价水平的测度重点关注多空对冲投资组合的收益情况，即根据盈利性的单因素排序选股结果，通过做多盈利最出色的公司（High 组）股票的同时卖出盈利水平最差的公司股票（Low 组）构建市场中性的盈利套利组合（High – Low）。该套利组合超额收益的显著与否反映了高收益公司股票与低收益公司股票之间的投资收益差额是否存在，即直观反映了盈利溢价程度的大小。

二、盈利组合特征

本节仔细观察按照盈利因素分组后得到的各个盈利组合之间的特征情况与趋势变化。表 5 – 1 中的四个面板分别汇报了按照 GPA、ROA、ROE 和 ROIC 排序得到的 10 组盈利组合的相关特征指标的描述性统计情况，其中 High（Low）表示盈利水平排序最高（最低）的公司组合。表 5 – 1 中主要展示了各盈利组合的盈利指标和公司特征两大类统计结果，其中盈利指标为上述 4 种，而公司特征统计中具体包括：公司投资水平 INV，用公司资产增长率衡量；流通总市值 MV，表中数值单位为亿元；账面市值比 B/M；惯性收益率 MOM。表 5 – 1 中展示的数值为各个变量在样本期中的平均值。

在表 5 – 1 的第一个面板中，盈利分组指标为 GPA，在依靠 GPA 作单因素排序得到的 10 个盈利组合中，盈利最差组的 GPA 平均值为 2.4%，而其余三种盈利指标均为负值，即 Low 组中主要为亏损明显的企业，而盈利最高组的 GPA 平均值为 29.8%，ROA、ROE 和 ROIC 的平均值分别为 10.4%、18.4% 和 23.8%，即 High 组企业为 A 股市场中盈利水平最为突出的公司。在公司特征方面，随着盈利水平的增强，企业规模和投资均在整体上呈现逐渐递增趋势，盈利最低组的平均投资水平为 3.5%，流通市值 30.22 亿元，而盈利最高组公司的平均投资水平和流通市值分别达到了 17% 和 46.79 亿元；而在估值指标方面，盈利水平与账面市值比呈负相关趋势，Low 组 B/M 值为 0.479，即平均市净率为 2.09，随着盈利性增强，B/M 值逐渐下降（市净率逐渐上升），High 组的 B/M 值为 0.303，对应市净率水平为 3.30；在动量指标方面，盈利高的组合惯性收益明显高于盈利低的组合，Low 组的 MOM 为 10.9%，随着 GPA 增大，MOM 呈现出严格单调递增趋势，High 组的 MOM 在 Low 组的基础

上增长了一倍左右，达到 23.4%

　　在表 5-1 的剩余三组面板中，均可以观测到上述面板一中类似的规律，因此无论以哪种代理变量作为盈利性的具体刻画，按照盈利水平排序后的各个盈利组合中均具有如下规律：随着盈利的提升，公司投资水平、流通市值总额、惯性收益率逐渐递增，而账面市值比指标逐渐降低，即在中国股票市场中，对于盈利出色的公司，通常具有高投资、高成长性（低账面市值比）、大市值规模的特征，并且此类公司的惯性投资收益较高。

表 5-1　　　　　　　　　　盈利组合分组特征汇总

		盈利指标				公司特征			
		GPA	ROA	ROE	ROIC	INV	MV	B/M	MOM
GPA 分组	Low	0.024	−0.027	−0.026	−0.022	0.035	3.022	0.479	0.109
	2	0.054	0.007	0.023	0.037	0.121	3.069	0.513	0.136
	3	0.074	0.021	0.050	0.070	0.143	3.136	0.486	0.151
	4	0.091	0.032	0.070	0.089	0.148	3.003	0.463	0.181
	5	0.108	0.039	0.078	0.104	0.150	2.878	0.442	0.181
	6	0.125	0.048	0.093	0.120	0.145	2.596	0.417	0.187
	7	0.147	0.057	0.106	0.141	0.160	2.851	0.401	0.193
	8	0.173	0.066	0.119	0.158	0.150	2.806	0.371	0.212
	9	0.218	0.082	0.146	0.185	0.151	3.205	0.347	0.216
	High	0.298	0.104	0.184	0.238	0.170	4.679	0.303	0.234
ROA 分组	Low	0.059	−0.075	−0.086	−0.026	−0.041	2.509	0.418	0.144
	2	0.078	−0.001	−0.002	0.025	0.079	2.610	0.482	0.128
	3	0.094	0.016	0.043	0.069	0.109	2.618	0.474	0.180
	4	0.104	0.027	0.064	0.090	0.138	2.753	0.476	0.158
	5	0.117	0.037	0.084	0.108	0.154	2.759	0.455	0.183
	6	0.130	0.048	0.102	0.125	0.176	3.004	0.440	0.184
	7	0.144	0.060	0.118	0.139	0.193	3.074	0.417	0.187
	8	0.164	0.076	0.135	0.158	0.191	3.012	0.386	0.203
	9	0.186	0.099	0.166	0.188	0.193	3.627	0.351	0.224
	High	0.236	0.141	0.219	0.254	0.195	4.997	0.296	0.220

		盈利指标				公司特征			
		GPA	ROA	ROE	ROIC	INV	MV	B/M	MOM
ROE 分组	Low	0.062	-0.055	-0.145	-0.056	-0.018	2.366	0.424	0.168
	2	0.081	0.005	0.007	0.019	0.069	2.439	0.487	0.148
	3	0.096	0.020	0.036	0.058	0.095	2.056	0.469	0.173
	4	0.110	0.032	0.056	0.074	0.121	2.184	0.462	0.160
	5	0.122	0.044	0.075	0.098	0.153	2.351	0.448	0.189
	6	0.136	0.054	0.095	0.121	0.163	2.710	0.423	0.183
	7	0.151	0.065	0.116	0.143	0.182	3.055	0.406	0.198
	8	0.165	0.077	0.143	0.173	0.203	3.828	0.403	0.201
	9	0.189	0.096	0.188	0.216	0.209	4.639	0.362	0.211
	High	0.201	0.091	0.270	0.283	0.200	5.684	0.292	0.199
ROIC 分组	Low	0.064	-0.030	-0.061	-0.149	0.006	2.501	0.397	0.171
	2	0.079	0.009	0.010	-0.004	0.067	2.345	0.463	0.155
	3	0.099	0.026	0.043	0.042	0.107	2.260	0.481	0.169
	4	0.112	0.037	0.063	0.069	0.141	2.383	0.472	0.183
	5	0.125	0.045	0.078	0.093	0.151	2.517	0.455	0.196
	6	0.140	0.055	0.098	0.117	0.166	2.834	0.419	0.196
	7	0.151	0.064	0.116	0.147	0.173	3.220	0.415	0.191
	8	0.172	0.073	0.140	0.184	0.193	3.707	0.389	0.202
	9	0.194	0.083	0.171	0.249	0.204	4.500	0.364	0.187
	High	0.185	0.066	0.179	0.393	0.176	5.139	0.314	0.170

第二节　盈利策略的收益情况分析

一、横截面投资收益分析

考虑到文章空间有限以及实际投资的可行性，本节在汇报盈利策略时主要针对市值加权投资组合（加权权重选择个股的流通市值）。相比于等额加权投资组合，市值加权组合在投资主体进行实务投资、资产管理与资产配置中更加具有实践指导意义，同时可以避免在投资组合中给小市值股票赋予过高的权重所造成的组合收益率偏差，即在评估组合投资表现的可行性和客观性上相对都更有优势。

表 5 - 2 汇总展现了不同盈利投资策略各自在样本区间内的投资表现情况，比较了不同公司盈利的代理变量对于股票横截面收益的预测能力。表 5 - 2 中不同面板分别展示了各盈利投资策略在 2001 年 7 月至 2015 年 6 月期间内的横截面投资收益表现，各个面板出现的先后顺序按各策略的盈利溢价程度高低排列。表 5 - 2 中的投资收益率（return）为按照单因素排序得到的 10 组投资组合的月度收益率的平均值，超额投资收益（abnormal return）用 FF3 α 来衡量，也被称作风险调整收益（risk - adjusted return），即投资分析基准具体采用 Fama - French 三因子定价模型，FF3 α（百分比形式）表示由投资组合收益率与无风险收益率之差对市场因子、价值因子、规模三大定价因子进行时间序列回归后计算得到的截距项，而 β_{MKT}、β_{SMB}、β_{HML} 分别为 Fama - French 三因子模型回归中市场因子、价值因子、规模因子的参数估计值，FF3 α 和 β 右侧方框中的数值为各自对应的回归 t 值。

表 5 - 2 面板 A 展示了基于毛利资产比（GPA）进行单因素排序选股构建的 10 个投资组合的横截面投资表现情况。各组的月平均股票投资收益随着 GPA 的增加而单调递增，从 GPA 最低组的 0.79% 增加至 GPA 最高组的 1.30%，GPA 最高组与最低组的月平均收益之差为 0.51%（表 5 - 2 中 High - Low 所示），显著大于 0，表明通过 GPA 构建的多空对冲投资组合平均可以获得年度投资收益 6.29%。在引入 Fama - French 三因子定价模型后，基于 GPA 的盈利溢价现象依然显著，随着盈利水平的增加，超额收益同样呈现单调递增趋势，例如，以 GPA 衡量的盈利最低组可以获得 -0.75% 的月度超额收益，t 值为 -3.57，显著为负值，而 GPA 最高一组的投资组合可以捕获 0.66% 的月度超额收益，t 值为 3.28，显著为正值，由这二者构成的多空对冲组合的月度超额收益为 1.41%（t 值为 4.76），统计上非常显著。这表明投资者基于 GPA 构建的多空对冲投资策略在持有一年后可以实现的超额投资收益十分可观，可以达到年化后 18.30% 的超额收益率，这在所有盈利投资策略的多空对冲组合中表现最为突出。

在面板 B - D 中，可以观测到类似的规律，无论是用 ROA、ROE 还是 ROIC 分别去刻画公司盈利的变化，即随着公司盈利的提升、投资组合的月平均收益和月超额收益均相应表现出了单调递增的趋势。其中，基于 ROA 构建的盈利投资策略表现相对较好，月度超额收益从 ROA 最低组的

-0.81% （$t = -3.22$）递增至 ROA 最高组的 0.37% （$t = 3.79$），由 ROA 构建的多空对冲组合的月度超额收益率为 1.17% （$t = 3.79$），所对应的年化超额投资收益为 15% 左右，相比 GPA 的对冲组合，低 3.3 个百分点。此外，由 ROE、ROIC 构建的多空对冲组合的月度超额投资收益分别为 1.06% （$t = 3.71$）和 0.81 （$t = 3.70$），对应的年化超额收益依次是 13.49% 和 10.16%。尽管相比 GPA、ROA，这两种策略的盈利溢价程度进一步削弱，但是依然显著，即无论采用文中哪一种盈利投资策略，通过做多高盈利组的同时做空低盈利组形成了市场中性的多空对冲投资策略，均可以获得不同程度的、显著为正的超额投资收益。

总体来看，根据上述各盈利代理变量的单因素排序选股所进行的投资组合分析结果可知，公司的盈利水平与质量、经营状况、投入资本回报率等盈利相关基本面信息是股票预期横截面收益的重要预测指标，实证研究显示公司盈利水平与预期投资收益存在单调递增趋势，并且无论用哪一种具体诠释公司盈利的代理变量，这种预测能力均是稳健和一致的。经典资产定价模型 Fama - French 三因子模型并不能解释中国股票市场上存在的这种"盈利溢价"异象，各类盈利投资策略均可以在三因子模型作为衡量标准的基础上获得额外的风险调整收益，其中表现最为突出的是毛利资产比投资策略，基于 GPA 构造的多空对冲投资策略平均每年可以斩获 18% 的超额投资收益。

表 5 - 2　　　　盈利策略横截面投资收益情况 （2001.07—2015.06）

Portfolios	Return	FF3 α	β_{MKT}	β_{SMB}	β_{HML}
Panel A：GPA					
Low	0.79	-0.75 [-3.57]	1.06 [42.69]	0.83 [15.30]	0.38 [4.71]
2	0.86	-0.55 [-3.23]	1.08 [54.02]	0.63 [14.35]	0.27 [4.16]
3	0.98	-0.30 [-1.90]	1.07 [57.35]	0.45 [10.96]	0.21 [3.42]
4	1.07	-0.18 [-1.20]	1.05 [59.27]	0.42 [10.78]	0.23 [3.92]
5	0.88	-0.32 [-2.16]	1.05 [59.33]	0.40 [10.42]	0.10 [1.80]
6	0.93	-0.25 [-1.63]	1.05 [58.37]	0.45 [11.51]	-0.04 [-0.67]
7	0.98	-0.09 [-0.56]	1.02 [55.63]	0.36 [9.04]	-0.16 [-2.64]
8	1.11	0.09 [0.53]	1.04 [52.21]	0.28 [6.53]	-0.21 [-3.20]
9	1.01	0.13 [0.70]	1.02 [47.22]	0.19 [4.00]	-0.43 [-6.00]
High	1.30	0.66 [3.28]	0.93 [38.68]	-0.06 [-1.23]	-0.54 [-6.91]
High - Low	0.51	1.41 [4.76]	-0.13 [-3.80]	-0.89 [-11.67]	-0.93 [-8.04]

续表

Portfolios	Return	FF3 α	β_{MKT}	β_{SMB}	β_{HML}
Panel B: ROA					
Low	0.67	−0.81 [−3.22]	1.07 [36.22]	0.83 [12.87]	0.17 [1.77]
2	0.98	−0.59 [−3.52]	1.08 [54.84]	0.88 [20.31]	0.34 [5.31]
3	1.00	−0.49 [−2.84]	1.07 [52.67]	0.77 [17.31]	0.31 [4.62]
4	0.94	−0.49 [−3.05]	1.09 [57.38]	0.68 [16.29]	0.25 [4.02]
5	1.05	−0.25 [−1.60]	1.05 [57.26]	0.57 [14.28]	0.12 [2.06]
6	1.08	−0.08 [−0.51]	1.03 [56.79]	0.37 [9.41]	0.07 [1.23]
7	0.98	−0.07 [−0.45]	1.01 [56.82]	0.33 [8.51]	−0.14 [−2.39]
8	1.01	0.02 [0.13]	1.01 [63.55]	0.28 [8.00]	−0.21 [−4.03]
9	1.09	0.26 [1.44]	1.00 [47.24]	0.08 [1.69]	−0.35 [−5.02]
High	1.07	0.37 [1.98]	0.98 [44.68]	−0.11 [−2.26]	−0.38 [−5.22]
High − Low	0.40	1.17 [3.79]	−0.09 [−2.55]	−0.94 [−11.77]	−0.55 [−4.56]
Panel C: ROE					
Low	0.80	−0.69 [−2.94]	1.08 [39.22]	0.87 [14.45]	0.13 [1.45]
2	0.98	−0.59 [−3.88]	1.08 [59.55]	0.90 [22.86]	0.34 [5.73]
3	0.96	−0.53 [−2.92]	1.09 [50.68]	0.84 [17.73]	0.18 [2.51]
4	1.01	−0.38 [−2.41]	1.05 [56.74]	0.74 [18.32]	0.11 [1.90]
5	1.13	−0.13 [−0.94]	1.03 [61.52]	0.58 [15.83]	0.03 [0.46]
6	0.94	−0.24 [−1.66]	1.01 [58.87]	0.50 [13.29]	−0.03 [−0.46]
7	1.10	0.02 [0.11]	1.01 [57.81]	0.35 [9.09]	−0.08 [−1.45]
8	1.14	0.15 [0.96]	0.99 [53.71]	0.19 [4.68]	−0.04 [−0.72]
9	1.15	0.32 [2.06]	0.98 [54.03]	0.00 [0.06]	−0.19 [−3.14]
High	1.02	0.37 [2.02]	1.06 [48.46]	−0.24 [−5.10]	−0.46 [−6.47]
High − Low	0.22	1.06 [3.71]	−0.02 [−0.67]	−1.11 [−15.08]	−0.59 [−5.36]
Panel D: ROIC					
Low	0.59	−0.66 [−3.60]	1.06 [49.35]	0.61 [12.96]	−0.12 [−1.72]
2	1.24	−0.20 [−1.38]	1.09 [61.24]	0.77 [20.61]	0.12 [2.18]
3	0.88	−0.51 [−3.18]	1.06 [54.96]	0.70 [16.77]	0.17 [2.64]
4	1.03	−0.29 [−2.11]	1.02 [62.15]	0.64 [17.74]	0.15 [2.75]
5	1.20	−0.05 [−0.32]	1.04 [59.42]	0.55 [14.48]	0.00 [0.09]
6	1.02	−0.15 [−1.06]	1.03 [59.96]	0.45 [11.89]	0.00 [−0.08]
7	1.01	−0.01 [−0.09]	1.01 [62.78]	0.22 [6.30]	−0.05 [−1.03]
8	1.15	0.21 [1.27]	1.02 [52.03]	0.16 [3.79]	−0.23 [−3.63]
9	1.15	0.33 [2.18]	1.01 [55.61]	0.00 [−0.13]	−0.28 [−4.65]
High	0.92	0.15 [0.95]	1.05 [55.49]	−0.06 [−1.39]	−0.40 [−6.49]
High − Low	0.33	0.81 [3.70]	−0.01 [−0.53]	−0.67 [−11.82]	−0.28 [−3.31]

二、时间序列投资收益分析

在横截面水平上检验了各策略盈利溢价效应的存在性后，本小节侧重关注各个盈利策略的时间序列变化情况。表 5 – 3 分别呈现了在 2001 年 7 月 1 日至 2015 年 6 月 30 日的 14 个完整年度样本期间内，各类盈利策略的纯多头投资组合、空头组合和多空对冲投资组合取得的年化平均收益率与年化超额投资收益率的时间序列变化情况。Panel A—Panel D 分别为基于 GPA、ROA、ROE、ROIC 构建的盈利策略的时间序列投资表现，Avg. Ret 表示平均收益率，Cum Ret 表示累计收益率，年份 2001 对应投资组合是从 2001 年 7 月 1 日至 2002 年 6 月 30 日的持有期，其余年份表示的时间段依次类推。

具体构建投资组合的方式为：根据 GPA、ROA、ROE、ROIC 各自的单因素排序选股结果，在每类代理变量筛选出的 10 组投资组合中均选择排名前 10% 的股票分别买入，即建立了纯多头高盈利公司投资策略（long only）；排名后 10% 即盈利水平最低的股票构成空头组合；同时买入盈利最高组并卖出盈利最低组股票即可形成多空对冲投资组合，构成理论上的市场中性投资策略（β – hedged portfolio）；每类组合中的股票按年度进行再平衡。Ret 和 FF3α 分别表示投资组合的年度平均收益率与年化超额收益率，衡量超额收益的评价基准选用 Fama – French 三因子定价模型。

在样本期 14 年的时间段中，无论是年化平均收益还是在年化超额收益方面，多头组合的投资绩效在绝大部分年度中均显著优于空头组合，并且在四种盈利策略中呈现出的趋势一致，即在各个盈利策略中，多空对冲组合的收益显著为正。这里重点分析FF3 α的数值变化情况，因为 FF3 α 是经过风险调整后的超额收益，直接反映了策略战胜市场投资绩效基准——三因子定价模型的情况，更加客观地反映了盈利策略的效果。具体观察多空对冲投资组合，在 FF3 α的衡量下，14 年的全样本期中，GPA 策略仅有一年的收益为负，即多头组合收益低于空头组合，而 ROA、ROE 和 ROIC 的对冲策略也仅有两年的收益为负。在投资表现方面，依然是以 GPA 作为代理变量时，盈利溢价的程度最为凸显，全样本期中，GPA 对冲组合的累计超额投资收益率高达 262.75%，ROA 对冲组合的累计收益率为 224.71% 位居第二，其次分别是基于 ROE 和 ROIC 构建的对冲组合，累计收益率分别为 196.21% 和 143.75%。

表 5 – 3   **盈利策略时间序列投资收益情况**

	Panel A：GPA					
组合	多头组合		空头组合		多空对冲组合	
年份	Ret	FF3 α	Ret	FF3 α	Ret	FF3 α
2001	−21.25	5.61	−21.33	0.80	0.08	4.89
2002	−11.92	8.89	−30.28	−2.70	18.35	11.98
2003	−9.91	17.12	−30.28	−14.11	20.37	36.67
2004	−12.51	18.50	−45.74	−6.50	33.23	26.85
2005	93.16	13.96	86.28	−8.33	6.88	24.31
2006	164.92	7.84	169.54	−9.24	−4.62	18.84
2007	−10.68	17.23	−30.41	−21.06	19.72	48.59
2008	15.12	−0.88	31.29	−8.81	−16.17	8.68
2009	11.99	17.17	−7.22	−12.68	19.21	34.05
2010	26.08	2.45	32.60	2.36	−6.52	0.02
2011	−11.59	4.59	−27.51	−4.44	15.92	9.40
2012	−7.48	0.57	−6.82	−9.85	−0.66	11.55
2013	17.02	11.01	19.18	−18.82	−2.16	36.82
2014	120.24	−9.25	155.50	0.90	−35.25	−9.89
Avg Ret	25.94	8.20	19.82	−8.03	6.12	18.77
Cum Ret	363.18	114.82	294.82	−112.47	68.37	262.75
	Panel B：ROA					
组合	多头组合		空头组合		多空对冲组合	
年份	Ret	FF3 α	Ret	FF3 α	Ret	FF3 α
2001	−20.36	6.23	−19.15	6.05	−1.21	0.17
2002	−12.41	7.99	−26.40	1.97	13.99	5.90
2003	−1.73	23.73	−63.86	−28.07	62.13	72.01
2004	−11.80	18.81	−46.65	−5.20	34.85	25.32
2005	68.53	−4.10	61.62	−22.00	6.91	22.95
2006	147.52	−4.60	168.54	3.01	−21.02	−7.39
2007	−14.67	15.68	−18.92	−11.20	4.25	30.28
2008	12.53	−1.56	29.50	−8.32	−16.97	7.38
2009	−1.01	8.22	−2.24	−9.30	1.23	19.32
2010	29.79	7.09	36.99	5.76	−7.20	1.26
2011	−17.37	−0.57	−34.57	−12.19	17.21	13.23
2012	−10.18	−0.83	−11.49	−13.95	1.31	15.25
2013	11.41	6.11	17.67	−18.12	−6.26	29.59
2014	115.99	−14.69	141.94	−4.61	−25.95	−10.57
Avg Ret	21.16	4.82	16.25	−8.30	4.91	16.05
Cum Ret	296.26	67.53	232.96	−116.16	63.30	224.71

续表

	Panel C: ROE					
组合	多头组合		空头组合		多空对冲组合	
年份	Ret	FF3 α	Ret	FF3 α	Ret	FF3 α
2001	− 22.49	5.76	− 20.60	4.75	− 1.90	0.97
2002	− 11.68	10.17	− 28.23	1.69	16.55	8.33
2003	− 3.99	23.41	− 60.79	− 26.27	56.80	67.39
2004	− 15.70	15.20	− 43.95	− 3.31	28.25	19.14
2005	66.36	− 8.82	61.72	− 21.62	4.63	16.33
2006	182.42	0.49	195.57	4.96	− 13.15	− 4.26
2007	− 20.19	15.99	− 8.78	− 0.71	− 11.41	16.81
2008	13.15	3.46	30.17	− 5.86	− 17.02	9.90
2009	− 10.16	1.63	− 1.57	− 9.30	− 8.59	12.05
2010	38.02	13.54	40.47	6.24	− 2.46	6.87
2011	− 20.74	− 2.53	− 32.77	− 11.19	12.03	9.75
2012	− 13.44	− 1.67	− 11.65	− 14.72	− 1.78	15.31
2013	0.80	− 0.73	16.45	− 18.95	− 15.65	22.47
2014	121.83	− 9.36	150.85	− 4.74	− 29.02	− 4.85
Avg Ret	21.73	4.75	18.79	− 7.07	2.94	14.02
Cum Ret	304.17	66.53	286.90	− 99.02	17.27	196.21
	Panel D: ROIC					
组合	多头组合		空头组合		多空对冲组合	
年份	Ret	FF3 α	Ret	FF3 α	Ret	FF3 α
2001	− 23.57	4.12	− 25.54	1.07	1.97	3.01
2002	− 11.35	11.87	− 26.54	1.67	15.19	10.04
2003	− 13.02	11.97	− 47.87	− 18.52	34.85	37.42
2004	− 22.79	7.40	− 36.28	0.02	13.49	7.38
2005	81.29	− 0.79	72.97	− 13.73	8.32	15.00
2006	164.82	− 4.53	155.91	− 13.94	8.91	10.93
2007	− 24.91	4.97	− 32.41	− 16.74	7.49	26.07
2008	15.67	1.14	30.34	0.01	− 14.67	1.12
2009	− 5.65	2.45	− 3.65	− 8.35	− 2.01	11.79
2010	32.86	7.47	31.92	− 0.15	0.94	7.63
2011	− 16.26	2.55	− 30.76	− 9.75	14.51	13.64
2012	− 15.30	− 6.25	− 5.27	− 5.67	− 10.03	− 0.62
2013	2.81	− 4.12	17.67	− 9.76	− 14.86	6.24
2014	98.65	− 10.43	130.59	− 4.82	− 31.94	− 5.90
Avg Ret	18.80	1.99	14.78	− 7.05	4.02	10.27
Cum Ret	263.24	27.81	231.08	− 98.65	32.16	143.75

各盈利策略的多空对冲组合在样本期间（2001 年 7 月 1 日至 2015 年 6 月 30 日）中的超额投资收益（用 FF3 α 衡量）随时间的变化趋势情况如图 5 - 1 所示。尽管在样本期中，A 股市场经历了数次牛熊市起伏，所有盈利策略的超额投资收益均非常稳健，整体对冲效果良好，在绝大部分年份中始终保持正值，这是由于多空对冲投资组合可以对冲掉绝大部分的系统性风险，得到一个旨在获取 α 的市场中性投资组合。对比分析可知，图 5 - 1 中由粗线条表示基于 GPA 构建的多空对冲投资组合超额收益曲线，在大部分年度中，该线均位于图5 - 1中四种线条的最上方，再次证明了相对于其他代理变量，使用 GPA 衡量的盈利溢价程度最大，进一步佐证了前文横截面收益分析的研究发现。

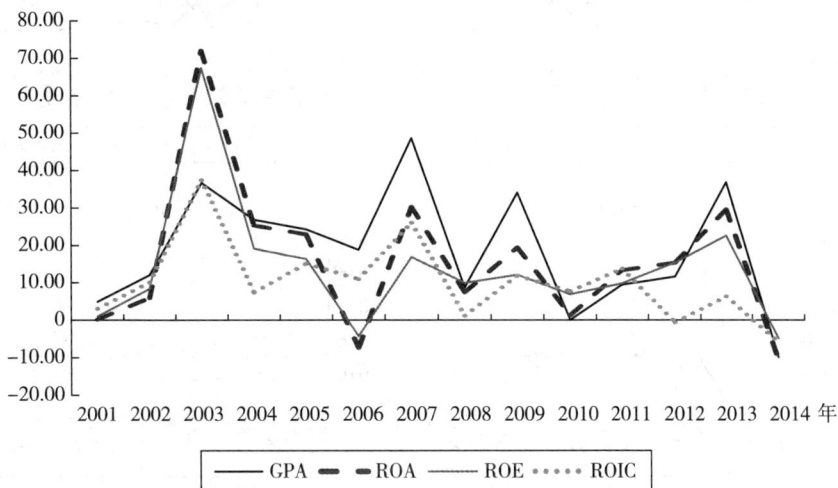

图 5 - 1　盈利策略对冲投资组合时间序列投资表现（FF3 α）

具体观察四种对冲投资组合超额投资收益的构成来源，即如图 5 - 2 所示，可以清楚地看到对于每一种盈利策略，在每年中，多头组合和空头组合对于对冲投资组合的超额收益贡献。综合四种盈利策略，可以发现，来自多头端和空头端的整体收益折线图走势关于横坐标轴（时间轴）对称，且该形态在 GPA 策略中最为明显，即多空对冲策略的超额收益来自多头端和空头端的贡献在绝对值上比较相近。

另外观察对冲投资组合的超额收益率中个别出现负值的时间区间，主要集中在 2006 年前后以及 2014 年末、2015 年初 A 股市场的两轮大牛市行情中，尤其是在最近出现的一轮快牛中比较明显。这主要是由于在大盘迅猛拉升的牛市行情中，空头组合表现异常突出。造成多空倒置现象明显，空头组合中的盈

利性较差公司反而投资表现更为突出。这表明在出现单边上涨的牛市中，市场
的整体投资情绪更加趋于短期投机，相对于高盈利的价值型绩优股，基本面情
况平庸但是增长迅速或符合短期投资主题、炒作热点的股票更受投资者青睐，
推动了一段时期内市场泡沫的迅速膨胀，造成了股票价格与公司基本面盈利信
息的严重背离。

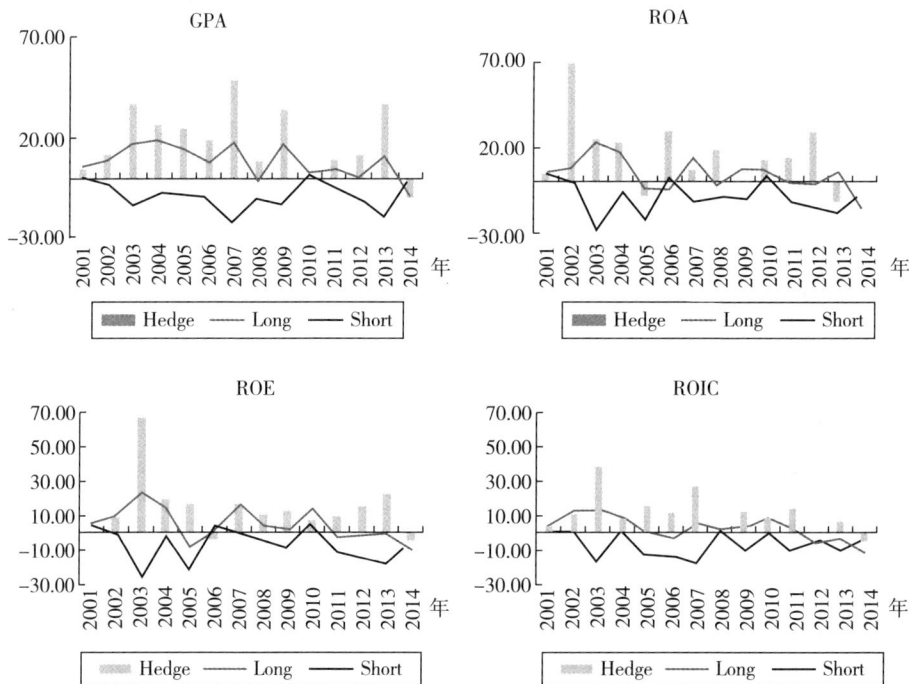

图5-2　盈利策略多头、空头、对冲组合间序列投资表现（FF3 α）

第三节　回归分析

通过前文系统性的投资组合分析法研究，我们可以发现中国股票市场中存
在显著的盈利溢价现象，即投资高盈利水平的优质公司可以获得显著超额收
益。本小节将围绕公司盈利对于股票未来投资收益的预测能力进行进一步的实
证检验，研究方法主要采取 Fama - Macbeth 回归法建模分析（Fama and Mac-
beth Regression，1973）。

回归分析主要通过构建回归模型并进行相关回归方程的参数估计，将企业

盈利性与一系列重要的控制变量如公司规模（Banz，1981）、账面市值比指标（Fama 和 French，1993）、动量效应（Jegadeesh 和 Titman，1993）对于股票横截面收益的预测能力进行比较，旨在研究盈利溢价效应是否由前人研究发现的相关经典变量来决定。

一、回归模型构建

本节回归分析中所构建的回归模型如式 5.1 所示：

$$R_{t+1} = \alpha + \beta_1 Profitability_t + \beta_2 \log(ME)_t + \beta_3 \log(B/M)_t + \beta_4 Mom_t + \varepsilon_t$$
$$t = 1,2,\cdots,T \tag{5.1}$$

$Profitability_t$ 用于表示 GPA_t、ROA_t、ROE_t、$ROIC_t$ 其中之一。

上述模型通过 Fama – Macbeth 回归分析进行两步估计：

第一步，逐月进行横截面回归。

$$R_{t+1} = \alpha + \beta_{1,t} Profitability_t + \beta_{2,t} \log(ME)_t + \beta_{3,t} \log(B/M)_t + \beta_{4,t} Mom_t + \varepsilon_t \tag{5.2}$$

首先在每个时间点 t 对上述模型进行横截面回归，即逐月分别进行，样本期从 2001 年 7 月 1 日开始至 2015 年 6 月 30 日，共计 168 个交易月，故可以计算得出 168 组横截面回归的系数估计值 $\hat{\beta}_{\omega,t}$，$\omega = 1,2,3,4$，$t = 1,2,\cdots,168$。

第二步，计算总体回归参数估计值 $\hat{\beta}_\omega$，并进行 t 检验。

在第一步中的系数估计值 $\hat{\beta}_{\omega,t}$ 求算术平均值可以求得总体回归系数的估计值 $\hat{\beta}_\omega$，并求标准差得到标准误，进而得到每个参数估值对应的 $t(\hat{\beta}_\omega)$ 统计量，即用于判断 $\hat{\beta}_\omega$ 的回归显著性水平。计算公式如下

$$\hat{\beta}_\omega = \sum_{t=1}^{T} \frac{\hat{\beta}_{\omega,t}}{T}$$

$$t(\hat{\beta}_\omega) = \frac{\hat{\beta}_\omega}{\hat{\sigma}_\omega},\ \hat{\sigma}_\omega^2 = \frac{1}{T(T-1)} \sum_{t=1}^{T} (\hat{\beta}_{\omega,t} - \hat{\beta}_\omega)^2 \tag{5.3}$$

二、回归结果分析

在回归分析中，本部分依次考察了 12 组不同的回归模型，并进行了相应的参数估计过程，表 5 - 4 为样本中个股从 2001 年 7 月 1 日至 2015 年 6 月 30 日月度数据的相关 Fama – Macbeth 横截面回归的汇总汇报表。表 5 - 4 中汇报

的数值为相应变量的因子载荷估计值即 β 值，对应下方的方框中数值为回归 t 值，来反映载荷的显著性水平。整体因子载荷 β 为样本期 168 个月（14 年）中月度股票收益率 Fama - Macbeth 横截面回归的平均值。

第 1、第 4、第 7、第 10 行分别为预期投资收益对盈利因子的单变量 Fama - Macbeth 横截面回归，由盈利变量的载荷值可知，公司盈利对于预期收益有着正向预测能力，所有盈利代理变量的单因素回归载荷均显著为正，例如，GPA 的载荷估计为 2.94，t 值为 2.68，意味着毛利资产比对于预期投资收益有正相关关系，其他盈利代理变量也均呈现出相同的规律。因此，该回归结果表明高盈利公司的投资表现可以显著超过低盈利公司，这进一步为表 5－2 和表 5－3 中投资组合分析法所发现的盈利溢价现象提供了证据支撑。

第 2、第 5、第 8、第 11 行是在盈利单因素回归模型中分别加入了经典股票市场异象实证研究中最经常控制的两个经典变量——公司规模和账面市值比各自的对数变量。分别对比第 1、第 4、第 7、第 10 行的回归结果，观察各盈利变量的因子载荷变化可以发现：在控制规模和估值两大定价因子后，盈利变量的预测能力依然显著，并在无条件的单因素分析基础上有了进一步的增强，例如，GPA、ROA、ROE 和 ROIC 变量的载荷系数依次是 3.37（$t=3.68$）、4.71（$t=2.84$）、3.14（$t=3.55$）和 1.50（$t=3.12$），相比单因素回归时的系数分别增加了 15%、10%、32% 和 16%，相应的 t 值均有平均 40% 以上的增强，而每个回归中相应的规模与估值因子的载荷估计值并不显著。因此，该实证结果也支持了文献综述部分所发现的最新价值投资内涵在中国市场同样有效，即联合盈利和估值共同选股构建的投资策略的业绩表现相比传统价值型策略有进一步增强，并且在该联合选股策略中在捕捉未来股票收益变化起决定因素的是盈利因子。

第 3、第 6、第 9、第 12 行是在加入规模因子与估值因子基础上进一步控制动量效应后的 Fama - Macbeth 回归检验，综合观察这 4 组回归模型的参数估计结果可知：盈利变量对于预期投资收益的正向预测能力依然保持显著。其中，对于 GPA、ROE 和 ROIC，相比仅控制规模与估值因子时的结果，载荷系数在数值上略有下降，而对于 ROA，其因子的载荷在绝对值大小和显著性程度上均有所提升，而在各个回归模型中，衡量动量效应的惯性因子（MOM）的回归系数并不显著。

在同时控制了估值、规模和动量因素的情况下，具体观察各控制变量的因子载荷可知，本文的发现与近几年有关中国股票市场的前沿实证研究结果整体上一致，提供了基于最新样本的实证证据。公司规模（size）对股票横截面预期收益有着相对较为显著的负向预测能力，支持了相关学者对于中国股票市场小市值股票规模效应的论证（Eun 和 Huang，2007；Hilliard 和 Zhang，2015）。估值因子与动量因子在统计上均不显著，从而证明了在中国股票市场中，账面值比指标（Hilliard 和 Zhang，2015）与股票价格惯性（韩豫峰等，2014；Cakici、Chan 和 Topyan，2015；Chen et al.，2010）在横截面收益预测方面仅有较弱的预测能力。

因此，在控制了市值规模、估值指标、动量效应等重要因素之后，中国股票市场中的公司盈利溢价效应依然非常显著，盈利水平对于预期股票投资收益的正向预测能力仍然稳健。盈利投资为传统价值投资者提供了一个很好的策略多元化选择维度，Fama – Macbeth 回归结果进一步诠释了盈利因子在横截面收益预测方面的重要作用，并佐证了上文中盈利策略的良好投资表现。

表 5 – 4 　　　　　　　　　　Fama – Macbeth 回归分析结果

回归	GPA	ROA	ROE	ROIC	log（ME）	log（B/M）	MOM
（1）	2.94						
	[2.68]						
（2）	3.37				−0.118	0.150	
	[3.68]				[−1.03]	[−1.03]	
（3）	3.18				−0.174	0.137	0.478
	[3.96]				[−1.62]	[1.40]	[1.21]
（4）		4.30					
		[2.09]					
（5）		4.71			−0.141	0.118	
		[2.84]			[−1.34]	[1.14]	
（6）		4.92			−0.196	0.116	0.488
		[3.21]			[−1.99]	[1.17]	[1.24]
（7）			2.37				
			[2.05]				
（8）			3.14		−0.153	0.139	
			[3.55]		[−1.51]	[1.32]	
（9）			2.92		−0.217	0.135	0.513
			[3.45]		[−2.31]	[1.34]	[1.28]
（10）				1.29			
				[1.92]			
（11）				1.50	−0.131	0.169	
				[3.12]	[−1.19]	[1.62]	
（12）				1.13	−0.185	0.151	0.530
				[2.52]	[−1.78]	[1.49]	[1.29]

第四节　本章小结

本章分别运用投资组合分析法和回归分析法对价值投资策略的最新重要维度——盈利驱动的价值投资策略进行了深入研究，实证研究发现中国股票市场上存在明显的盈利溢价效应，例如，通过毛利资产比（GPA）构建的多空对冲投资组合在 Fama – French 三因子模型的基准上可以获得年化后 18% 左右的超额投资收益，证明了公司盈利对股票横截面投资收益预测具有重要的正向预测能力；同时，该盈利溢价现象并不能用现行经典的风险定价因子如规模因子、价值因子、惯性因子进行解释，在 Fama – Macbeth 回归分析中同时控制了上述因素之后，盈利性的各代理变量均仍具备非常显著的预测能力，进一步证明了盈利策略的有效性。

本章的实证研究发现中有两点值得强调：第一，观察表 5 – 2 盈利变量单因素排序选股所得各投资组合的超额收益变化规律可以发现，低盈利组与高盈利组的超额收益在绝对值上差距不大，尤其是面板 A 中的 GPA 组合，盈利最高组（High 组）与最低组（Low 组）的超额收益在绝对数值上非常接近，整个 10 组投资收益的变动趋势在绝对数值上呈现对称排布，多空对冲投资组合的超额收益来自多头和空头组合的贡献相近，该现象在时间序列变化中同样存在，如图 5 – 2 所示，多头端与空头端的超额收益变化曲线关于水平方向对称。这与目前许多股票市场异象变量的超额收益分布趋势有所不同。基于行为金融框架的错误定价理论进行分析，许多现有股票市场异象的多空对冲投资组合所获取的超额收益主要来自于套利组合中空头端的贡献，原因在于投资者在做空估值过高的股票时，会面临诸多来自卖空交易方面的障碍与约束，从而无法充分做空股价被高估的股票并获取收益，因此导致股票的定价高估（overvaluation）现象相比低估（undervaluation）更难以被消除、对冲组合中的空头端的超额收益在绝对值上远大于多头端（Stambaugh、Yu 和 Yuan，2012）。Wang 和 Yu（2013）进一步研究证明，美国市场中的盈利溢价主要是由行为金融学理论驱动，溢价现象在套利成本更高或者是信息不确定性程度更大的公司中表现更为突出，并且实证发现该溢价主要来自于投资者做空低盈利公司所获取的超额收益。这个实证结果表征上的差异从侧面反映了中国股票市场的盈利溢价现象可能与行为金融理论的解释并不一致，需要深入探究其背后驱动机制。

第二，观察表 5 – 2 可以发现，各盈利溢价组合（High – Low 组）有关价值因子和规模因子的载荷都显著为负值，例如，基于 GPA 排序分组的 10 个投资组合中，价值因子的参数估计值从 0.38 单调递减至 -0.54，同时规模因子的参数估计值从 0.83 单调递减至 -0.06，从而溢价组合的价值因子载荷为 -0.89（$t = -11.67$）、规模因子载荷为 -0.93（$t = -8.04$），均非常显著。这个发现就解释了相对于平均收益的绝对值大小，以 FF3α 衡量的超额收益会有显著的提升，并且盈利溢价会倾向于账面市值比低（成长型）、市值规模大的股票，这需要在盈利策略的稳健性检验中进一步进行考证。

第六章
盈利策略的稳健性研究

第一节　研究动机

　　为了准确评估盈利驱动的价值投资策略的有效性，本章对其进行全面的稳健性检验。具体来看，需要进一步考察估值和规模两大因素对于盈利策略投资绩效的影响，这既符合资产定价实证研究的严谨要求，又可以满足实务投资过程的现实需要。估值与规模从被关注以来一直被视为股票横截面收益预测最具效力的指标，是众多学者进行全新市场异象研究过程中必须控制的经典定价因子；而在投资者选股并构建策略时，估值水平与市值规模作为标的公司最主要的两大特征，直接影响着整体策略投资风格的确定，受到广大投资者的高度关注。

　　从发展历程来看，价值溢价效应（Rosenberg、Reid 和 Lanstein，1985）和规模溢价效应（Banz，1981）是最早被发现与 CAPM 的预测相偏离的实证结果，即系统性风险 β 不能很好地解释高账面价值比股票（价值股）可以获得更高的平均收益率，也不能解释小盘股（低市值规模）有更高的投资溢价。这两大异象的发现直接促使了 Fama - French 提出新的三因子定价模型（Fama 和 French，1992，1993，1995），其中，由高 B/M 与低 B/M 股票组合的收益之差构成价值因子，小规模股票与大规模股票组合间的收益之差构成了市值因子。之后随着资产定价模型的发展，三因子模型进一步被拓展，无论是在 Carhart 四因子模型中，还是在最新提出的 Fama - French 五因子定价模型中，账面市值比因子与规模因子始终都作为重要的两大股票定价因子存在（Carhart，1997；Fama 和 French，1993，2015），足以证明二者对于股票横截面收益预测具有重要的作用。

　　由第二章中梳理我国学者在市场异象方面的研究可知，无论是国内较早期文献对于国外经典定价模型的检验，还是近几年建立在较长时间样本基础上的最新研究成果，大部分学者均认可规模溢价效应的存在性，而在价值溢价方面存在一定争议，即普遍认为相比于账面市值比，公司规模在 A 股市场的股票投资收益预测方面具有更强的效力。大量实证证据显示，规模因子对预期投资收益具有显著的因子载荷 β（陈信元等，2001；黄兴旺等，2002；Eun 和 Huang，2007；Cakici、Chatterjee 和 Topyan，2015；Hilliard 和 Zhang，2015），同时在已提出的适用于中国市场的多因子股票定价模型中，公司规模的解释效能同样得到了大多数学者的共识，例如，潘莉和徐建国（2011）、Xu 和 Zhang（2014）提出的 A 股市场的三因子定价模型，王茵田和朱英姿（2011）兼顾宏观因素与公司特质的八因子模型等。

　　因此，在检验盈利策略的稳健性时，首先应对中国股票市场当前的规模效应和价值效应进行具体的测度，在此基础之上，具体剥离公司市值规模与估值水平对于盈利策略选股的交叉影响，即具体考察在控制了规模与估值因子之后，盈利溢价水平的变化情况。

第二节　规模控制下的策略收益分析

一、规模效应检验

　　Banz（1981）最早发现了股票市场规模溢价效应（size effect）——股票收益率与公司市值规模直接存在显著的负相关，即相比大盘股，由小盘股构成的投资组合具有更高的收益率。后来也有不少学者的研究同样支持了上述结论（Reinganum，1981；Brown et al.，1983；Keim，1983），证明了公司规模在解释股票横截面收益变化方面具备重要效力，这对于价值投资策略的细分有指导意义，可以在现行策略上进一步控制公司规模，来筛选目标公司，以求增强策略的投资表现。本小节使用最新样本数据，对于中国股票市场的小盘股效应进行了实证检验。

　　在 t 年 6 月，根据 6 月 30 日最新个股流通市值数据，对样本公司按照市值规模进行单因素排序，根据规模大小将公司分成 10 组，其中 Low 组表示市值规模最小组，随着分组序号增加表示规模增大，High 组表示市值规模最大组，依照规模分组构建相应投资组合，组合从 t 年 7 月持有至 $t+1$ 年 6 月，每年 6 月底根据最新市值信息对投资组合再平衡一次。

表 6 – 1 展示了依照规模划分的 10 组投资组合的收益情况，组合收益为月平均收益率（百分比形式），超额收益的衡量使用 CAPM 模型作为基准，回归的截距项表示超额收益 α（百分比形式），市场风险溢价的回归系数估计值记作 β_{MKT}，其右侧方括号中的数字为各自相应的回归 t 值。随着公司市值规模的增加，平均收益率和风险调整后的收益（CAPM α）均呈现一个非常明显的单调递减的趋势，并且等额加权投资组合和市值加权投资组合的收益表现相似，在绝对值上差距不大。在超额收益方面，市值规模较小的几组非常显著，随着规模增加，相应组合的超额收益显著性明显降低。

观察小盘股与大盘股组合收益之差，即 Low – High 组的投资绩效，可以发现：根据市值规模构建的此对冲组合可以获得可观的投资收益，如对于等额加权投资组合，月平均收益为 1.08%，超额收益（CAPM α）为 1.19%（$t =$ 2.54），显著为正，年化后分别有 13.76% 和 15.25%。因此可知，与大量成熟资本市场中的研究结果类似，规模溢价显著存在于中国股票市场中，在针对中国市场较早期与最新的文献中，均可以找到支持规模效应存在性的证据（黄兴旺、胡四修和郭军，2002；汪炜和周宇，2002；朱世武和郑淳，2003；Eun 和 Huang，2007；Hilliard 和 Zhang，2015；Cakici、Chan 和 Topyan，2015）。

表 6 – 1   按规模划分的投资组合横截面收益情况（2001.07—2015.06）

Portfolios	Return（%）	CAPM α（%）	β_{MKT}
Panel A：等额加权投资组合			
Low	2.41	1.02 [2.64]	0.99 [23.19]
2	2.28	0.82 [2.38]	1.03 [26.90]
3	2.16	0.70 [2.25]	1.05 [30.84]
4	2.10	0.57 [2.01]	1.07 [34.00]
5	1.89	0.37 [1.48]	1.04 [37.48]
6	1.77	0.30 [1.26]	1.03 [39.12]
7	1.56	0.04 [0.19]	1.03 [45.90]
8	1.65	0.11 [0.62]	1.05 [53.34]
9	1.60	0.07 [0.53]	1.05 [69.35]
High	1.32	− 0.17 [− 1.34]	1.02 [75.22]
Low – High	1.08	1.19 [2.54]	− 0.03 [− 0.67]

续表

Portfolios	Return（%）	CAPM α（%）	β_{MKT}
Panel B：市值加权投资组合			
Low	2.30	0.92 [2.42]	0.99 [23.60]
2	2.16	0.70 [2.06]	1.02 [27.11]
3	2.09	0.62 [2.02]	1.06 [31.32]
4	2.00	0.48 [1.75]	1.06 [34.77]
5	1.84	0.32 [1.31]	1.04 [38.68]
6	1.72	0.25 [1.08]	1.03 [40.27]
7	1.47	-0.04 [-0.22]	1.03 [48.86]
8	1.59	0.05 [0.32]	1.05 [55.49]
9	1.63	0.11 [0.86]	1.05 [72.17]
High	1.30	-0.18 [-1.45]	1.02 [72.70]
Low – High	1.00	1.10 [2.34]	-0.03 [-0.62]

二、规模和盈利双因素排序分析

在本小节的研究中，对于样本中所有公司规模和盈利的双因素排序法（double sorts）来进行投资组合分析，探究在控制企业规模之后的盈利投资策略业绩的变化。依照 Fama 和 French（2008）的处理方式，在构建投资组合时，依照企业的规模和盈利进行独立二元排序（independent double sorting），此处规模使用公司流通市值进行衡量。具体来看，在 t 年 6 月底，根据整个市场的流通市值规模，按照样本总体流通市值的 30 分位数和 70 分位数作为临界点，将所有公司分为三大类：市值高于 70 分位数值的为大型企业（large），市值介于 30 与 70 分位数值之间的为中小盘股（small），市值小于 30 分位数值的为小盘股（micro）；而盈利排序方面，由 $t-1$ 年 12 月底公司的基本面信息，分别根据 GPA、ROA、ROE、ROIC 进行单因素排序，将所有公司分成 10 组，其中 Low 组表示公司盈利水平最低组，而 High 组表示公司盈利水平最高组；因而根据各自生成的分组标识，每种盈利情形下可以构建 30 个（3 × 10）"规模—盈利"投资组合，对这些组合的持有期为 t 年 7 月 1 日至 $t+1$ 年 6 月 30 日，每年利用更新后的市值与盈利信息对二维排序筛选的组合进行再平衡。

根据规模和盈利联合选股获得的投资组合业绩情况如表 6-2 所示，表 6-2 中投资组合均为市值加权型投资组合，投资表现具体为组合月度超额收益（FF3 α，百分比形式），通过 2001 年 7 月至 2015 年 6 月间的 30 个"规模—盈利"组合的月度收益与无风险收益率作差，分别对相应的 Fama-French 三因

表6-2　规模控制下的盈利策略投资收益

Portfolios	GPA Micro	GPA Small	GPA Large	ROA Micro	ROA Small	ROA Large	ROE Micro	ROE Small	ROE Large	ROIC Micro	ROIC Small	ROIC Large
Low	0.01 [0.03]	-0.66 [-2.85]	-0.88 [-2.83]	0.12 [0.43]	-0.78 [-2.99]	-1.04 [-2.34]	0.06 [0.23]	-0.56 [-2.19]	-1.19 [-3.19]	-0.14 [-0.62]	-0.53 [-2.20]	-0.75 [-2.60]
2	0.21 [0.99]	-0.44 [-2.18]	-0.60 [-2.87]	-0.04 [-0.21]	-0.59 [-2.88]	-0.67 [-2.72]	-0.02 [-0.09]	-0.62 [-3.33]	-0.65 [-2.82]	0.19 [0.95]	-0.38 [-2.11]	-0.08 [-0.41]
3	-0.10 [-0.55]	-0.27 [-1.52]	-0.19 [-0.90]	0.21 [1.09]	-0.37 [-2.04]	-0.70 [-2.52]	0.26 [1.67]	-0.51 [-2.86]	-0.81 [-2.78]	0.10 [0.57]	-0.33 [-1.94]	-0.74 [-3.40]
4	-0.03 [-0.19]	-0.20 [-1.04]	-0.08 [-0.44]	-0.08 [-0.46]	-0.39 [-2.26]	-0.53 [-2.45]	-0.12 [-0.63]	-0.30 [-1.72]	-0.44 [-2.02]	-0.05 [-0.25]	-0.15 [-0.88]	-0.38 [-1.86]
5	-0.27 [-1.46]	-0.05 [-0.28]	-0.35 [-1.75]	-0.16 [-1.02]	0.02 [0.10]	-0.30 [-1.52]	0.00 [-0.01]	-0.01 [-0.08]	-0.18 [-0.97]	0.16 [0.86]	-0.08 [-0.43]	0.04 [0.21]
6	0.08 [0.50]	-0.34 [-1.85]	-0.22 [-1.19]	0.05 [0.26]	-0.16 [-0.96]	0.07 [0.36]	-0.41 [-2.00]	-0.07 [-0.37]	-0.21 [-1.14]	-0.16 [-0.79]	-0.03 [-0.15]	-0.15 [-0.84]
7	-0.20 [-0.99]	-0.03 [-0.18]	-0.08 [-0.38]	0.02 [0.09]	0.16 [0.78]	-0.09 [-0.49]	0.22 [1.14]	0.29 [1.48]	-0.09 [-0.55]	-0.14 [-0.72]	0.08 [0.46]	0.03 [0.16]
8	0.10 [0.51]	-0.01 [-0.05]	0.14 [0.71]	-0.16 [-0.80]	0.05 [0.27]	0.07 [0.44]	0.13 [0.59]	0.26 [1.38]	0.20 [1.07]	0.19 [0.96]	0.09 [0.49]	0.29 [1.49]
9	0.09 [0.47]	-0.02 [-0.09]	0.19 [0.88]	0.02 [0.09]	0.36 [1.64]	0.22 [1.13]	-0.04 [-0.18]	-0.06 [-0.32]	0.47 [2.76]	-0.20 [-0.93]	0.02 [0.10]	0.52 [2.99]
High	0.31 [1.18]	0.53 [2.16]	0.77 [3.57]	0.21 [0.69]	0.01 [0.04]	0.44 [2.28]	-0.12 [-0.44]	0.27 [1.10]	0.41 [2.11]	-0.23 [-1.01]	-0.08 [-0.40]	0.25 [1.40]
High - Low	0.30 [0.81]	1.20 [3.62]	1.65 [4.23]	0.09 [0.22]	0.79 [2.48]	1.48 [3.06]	-0.18 [-0.50]	0.82 [2.46]	1.60 [3.82]	-0.09 [-0.34]	0.45 [1.71]	1.00 [2.98]

子月度收益率进行回归，得到的截距项即为"规模—盈利"组合各自的超额收益率，方括号中数值为其对应的 t 值水平。

表 6－2 的实证结果显示，按列来观察纵向变化情况，在每类盈利策略之中，无论是小盘股、中小盘股还是大盘股，随着盈利水平的提升，组合的预期横截面收益均逐渐增加，可以观测到单调上升的趋势，因此在控制了规模之后，企业盈利对于其预期股票投资收益的正向预测能力依然显著。这里具体观察控制规模后的盈利溢价程度，则关注表中最后一行"High－Low"即市场中性对冲组合的投资表现，可以明显地发现，无论对于哪一种盈利投资策略，盈利溢价在大型企业和中小盘股类别中均显著存在，但是对于小盘股，盈利溢价在统计上统统不显著。例如，基于 GPA 构建的多空对冲套利组合在大盘股中可以获得高达月平均 1.65% 的超额投资收益，显著性水平 t 值为 4.23，然而在小盘股中取得的盈利溢价仅仅有月平均 0.3% 的超额收益，并不显著（t ＝0.81）；基于盈利指标 ROA、ROE 和 ROIC 构建的套利组合中也可发现相似趋势，多空对冲组合在大盘股分组中获得的月度 FF3 α 分别为 1.48%（t ＝3.06）、1.60%（t ＝3.82）和 1.00%（t ＝2.98），均在 1% 以上且有着很高的显著性水平，在小盘股组合中的超额收益几乎为零甚至为负值，并且在统计上也均不显著。

因此通过横向比较来看，大市值公司分组中的盈利溢价程度最大（即 High－Low 组合超额收益的大小）、显著性水平最高（即由 t 值大小反映），而在小市值股票组合中却非常不显著。该发现与成熟资本市场的研究结论有很大区别，Novy－Max（2013）利用美国市场的数据研究发现，企业盈利溢价在小型企业中更加凸显，并把样本放大至国际市场样本（包括除去美国市场之外的 19 个发达国家和地区的资本市场）后，该结论依然一致。

三、大盘股的盈利策略投资表现

为了更进一步确认上述研究发现，本小节进一步专门挖掘盈利投资策略在大盘股领域的投资业绩。这里"大盘股领域"的范围定义为样本中所有股票的市值从高到低排名前 300 的股票，即在 t 年 6 月构建投资组合时，根据流动市值和总市值分别进行排序，选出排名前 300 的股票构成"大盘股领域"，并在这些选出的大盘股样本中构建盈利投资策略，即根据 $t-1$ 年 12 月公司的盈利信息进行单因素排序选股，分成 10 个盈利组合。由于投资组合每年进行再平衡一次，故根据市值的变化，每年对于大盘股的范围也相应进行动态调整。此外，为了剔除非流通股可能对盈利溢价造成的影响，在构建投资组合以及界定大盘股样本时，企业市值大小均分别采用流通股市值和市值总额两种测度方式。

　　表6-3记录了盈利策略在大盘股领域的整体投资表现，左右两个面板分别为由流通市值和总市值构建的两类市值加权型投资组合，表6-3中的业绩值为不同分组的投资组合的月度平均超额投资收益，即FF3 α（百分比形式），超额收益下方的方括号中数值为其对应的回归 t 值，具体计算方法与表6-2相似。通过表6-3中的实证结果显示，无论是在统计意义还是经济意义方面，企业的盈利溢价在大盘股领域表现显著。例如在左侧面板中，基于ROE对冲组合的月均溢价为1.45%（$t=4.16$），在四种盈利指标中溢价程度最大；其次是GPA构建的多空对冲组合，月均超额收益为1.30%（$t=3.60$）；ROA对冲组合溢价为1.05%（$t=2.68$）；ROIC对冲组合的超额收益为0.62%（$t=2.14$），溢价水平相对最低，但仍然显著大于零。因此，四种盈利对冲投资组合都具有良好的投资表现和突出的显著性。观察右侧面板中基于市值总额得到的分析结果，可以得到相似的结论，盈利投资的市场中性组合（总市值加权）所获得的月均超额收益落在0.80%至1.26%的区间中，且均显著为正。

表6-3　　　　　　　　　盈利策略在大盘股领域的投资表现

Portfolios	流通市值				总市值			
	GPA	ROA	ROE	ROIC	GPA	ROA	ROE	ROIC
Low	-0.64	-0.73	-0.89	-0.32	-0.50	-0.66	-0.80	-0.43
	[-2.90]	[-2.73]	[-3.70]	[-1.66]	[-2.26]	[-2.61]	[-3.16]	[-2.25]
2	-0.14	-0.53	-0.38	-0.64	-0.10	-0.44	-0.33	-0.38
	[-0.64]	[-2.55]	[-1.69]	[-3.03]	[-0.47]	[-1.97]	[-1.76]	[-1.68]
3	-0.29	-0.15	-0.28	-0.13	-0.28	-0.08	-0.08	-0.06
	[-1.39]	[-0.65]	[-1.51]	[-0.74]	[-1.35]	[-0.40]	[-0.38]	[-0.31]
4	-0.15	-0.22	-0.38	-0.16	-0.05	-0.08	-0.38	-0.10
	[-0.75]	[-1.11]	[-1.95]	[-0.76]	[-0.27]	[-0.42]	[-1.92]	[-0.49]
5	-0.39	0.08	0.02	-0.30	-0.38	0.20	0.13	-0.16
	[-2.06]	[0.39]	[0.10]	[-1.52]	[-2.01]	[0.96]	[0.67]	[-0.80]
6	-0.04	-0.03	0.12	0.17	-0.02	-0.02	-0.12	0.08
	[-0.17]	[-0.18]	[0.66]	[0.84]	[-0.08]	[-0.12]	[-0.58]	[0.36]
7	0.02	0.10	0.22	0.34	0.13	0.21	0.33	0.42
	[0.08]	[0.49]	[1.06]	[1.63]	[0.60]	[1.06]	[1.71]	[2.22]

续表

Portfolios	流通市值				总市值			
	GPA	ROA	ROE	ROIC	GPA	ROA	ROE	ROIC
8	0.18	0.23	0.38	0.44	0.20	0.15	0.38	0.42
	[0.76]	[1.06]	[1.85]	[2.09]	[0.82]	[0.69]	[1.79]	[1.93]
9	0.58	0.53	0.27	0.21	0.51	0.46	0.41	0.11
	[2.62]	[2.34]	[1.18]	[0.92]	[2.31]	[1.99]	[1.75]	[0.43]
High	0.67	0.32	0.56	0.30	0.64	0.29	0.46	0.37
	[2.44]	[1.38]	[2.47]	[1.33]	[2.25]	[1.21]	[1.99]	[1.55]
High - Low	1.30	1.05	1.45	0.62	1.14	0.96	1.26	0.80
	[3.60]	[2.68]	[4.16]	[2.14]	[2.97]	[2.39]	[3.32]	[2.62]

综合表 6-2、表 6-3 的实证证据，可以证明：相比于中小盘股票，A 股市场中的盈利溢价在大盘股中表现更加突出，即公司规模与盈利溢价程度呈正相关关系。价值投资者在寻找目标公司时，重点关注基本面良好、盈利出色的高盈利、大市值规模公司，可以获得更好的投资收益。

第三节　估值控制下的策略收益分析

一、价值效应检验

价值溢价效应最早由 Rosenberg、Reid 和 Lanstein（1985）发现，即相比于低账面市值比公司，高账面价值比的公司可以获得更高的平均投资收益，且该收益并不能由 CAPM 的市场溢酬因子解释。在传统价值投资领域，账面市值比（倒数为市净率）作为相对估值指标，是投资者寻找处于价值洼地的便宜股票最常运用的工具。本小节在中国股票市场的环境中，检验价值溢价现象，即考察传统价值投资策略的业绩表现。

在 t 年 6 月，根据 $t-1$ 年末的账面市值比（B/M）指标，对样本中所有公司进行排序，根据 B/M 的大小将样本公司分成 10 组，其中 B/M 值最大和最小的组分别为价值型股票（Value）和成长型股票（Growth），投资组合从 t 年 7 月持有至 $t+1$ 年 6 月，每年 6 月底进行投资组合再平衡一次。

表 6-4 中展示了该策略的投资表现，收益率为各组投资组合月度收益率的平均值（百分比形式），超额收益（abnormal return）用 α 来衡量，投资分

析基准具体采用经典资产定价模型——CAPM 模型①，即 CAPM α 表示由投资组合收益率与无风险收益率之差对市场组合收益率做回归计算得到的截距项（百分比形式）；β_{MKT} 为市场投资组合的参数估计值，用来衡量系统性风险的大小；CAPM α 和 β_{MKT} 右侧方括号中的数值为各自对应的回归 t 值。

表 6-4　按 B/M 划分的投资组合横截面收益情况（2001.07—2015.06）

Portfolios	Return（%）	CAPM α（%）	β_{MKT}
Panel A：等额加权投资组合			
Low	1.20	-0.15 [-0.52]	1.01 [55.62]
2	1.56	0.17 [0.57]	1.02 [56.83]
3	1.54	0.14 [0.43]	1.03 [57.32]
4	1.74	0.39 [1.28]	1.02 [57.06]
5	1.95	0.53 [1.67]	1.01 [58.17]
6	1.82	0.44 [1.40]	1.02 [59.18]
7	2.10	0.71 [2.42]	1.04 [75.26]
8	1.94	0.64 [2.12]	1.01 [61.88]
9	1.92	0.64 [2.32]	1.01 [64.35]
High	1.73	0.52 [2.73]	1.00 [71.27]
High-Low	0.52	0.67 [2.13]	-0.01 [-0.50]
Panel B：市值加权投资组合			
Low	0.99	-0.29 [-1.01]	0.99 [44.21]
2	1.15	-0.13 [-0.53]	1.04 [51.79]
3	1.16	-0.16 [-0.66]	1.08 [52.43]
4	1.41	0.13 [0.53]	1.04 [48.75]
5	1.57	0.28 [1.16]	1.04 [50.50]
6	1.42	0.15 [0.68]	1.05 [56.04]
7	1.73	0.44 [2.25]	1.07 [60.05]
8	1.43	0.25 [1.34]	1.00 [58.61]
9	1.41	0.20 [1.36]	1.04 [73.56]
High	1.40	0.29 [1.53]	0.98 [69.67]
High-Low	0.41	0.58 [1.30]	-0.01 [-0.25]

在 2001 年 7 月至 2015 年 6 月的区间中，10 组投资组合的平均收益率和超额收益均随着 B/M 的增加而增大，呈现一个近似单调递增的趋势，表明在样

① 由于账面市值比（B/M）属于传统价值投资范畴，因此衡量其超额收益的基准（benchmark）只可以使用 CAPM，而不能使用 Fama-French 三因子定价模型，B/M 指标本身就是构成三因子定价模型中价值因子 HML 的组成部分，因此若再使用三因子定价模型作为评价基准，会导致内生性问题。

本区间中，价值溢价的趋势可以观测到。从数值上来看，等额加权投资组合的投资业绩表现优于市值加权投资组合，无论是在平均收益还是超额收益方面，绝对数值都更大，可以发现趋势性存在。但是，投资收益的显著性情况并不好，观察 CAPM α 可以发现，在 5% 的显著性水平下，等额加权投资组合中，仅有第 7~10 这 4 组的超额收益显著；在市值加权投资组合中，仅有第 7 组的超额收益显著。

重点观察"High‒Low"组，即由 B/M 排序最高（排序前 10%）选出的价值型股票和 B/M 最低（排序后 10%）选出的成长型股票构成的对冲投资组合中，该多空对冲投资组合可以对冲掉绝大部分的系统性风险，市场溢价组合的 β_{MKT} 估计值均趋近于零，所对应的 t 值也非常小，即表明可以得到一个旨在获取 α 的市场中性投资组合。对于等额加权投资组合和市值加权投资组合，前者的月度平均收益率略高，为 0.52%，年化后为 6.24%，后者的月度平均收益率为 0.41%，年化平均投资收益率为 4.92%；而在超额投资收益（CAPM α）方面，等额加权投资组合的 CAPM α 在 5% 的显著性水平下显著之外，市值加权投资组合的 CAPM α 并不显著。

因此，综上分析可知，随着账面市值比的增大，股票横截面平均收益逐渐递增的趋势在我国股票市场中有一定程度的体现，即股票预期投资收益与 B/M 之间的正相关关系符合经典文献理论。但是，价值溢价现象并不明显，尤其是在通过账面市值比排序筛选个股，构建的投资组合在捕捉超额收益方面，以 CAPM 模型作为衡量基准计算得到的 α 值大多均不显著，而在 Hilliard 和 Zhang（2015）的最新实证研究中，利用 2002—2012 年的沪深两市市场数据，也发现了同样的结论。这对于投资实践的启示是：单纯以账面市值比作为单因素选股的传统型价值投资策略在中国市场的业绩表现并不突出，所发挥作用十分有限。

二、估值和盈利双因素排序分析

账面市值比是衡量企业估值水平的重要变量，并被常用于区分价值股与成长股，是传统价值投资策略的常用选股指标，基于账面市值比构建的价值因子也是 Fama‒French 三因子模型和五因子模型中的重要组成部分。前文证明了以 B/M 指标衡量的价值溢价效应在中国股票市场并不明显，这里联合盈利和估值两大因子进行股票筛选，观察双因素联合排序选股的投资组合配置相比传统价值投资策略的绩效改进，同时明确估值水平对于盈利溢价效应的影响。其中估值水平使用 B/M 刻画，盈利性依然分别采用 GPA、ROA、ROE、ROIC 四种代理变量。

　　构建估值和盈利双因素排序选股的投资组合时，本文参照 Fama 和 French（2015）的实证方法，具体过程如下：在 t 年 6 月底，根据整体市场 B/M 值的 30 分位数和 70 分位数作为估值分类临界点，将所有公司分为三大类：个股 B/M 值高于 70 分位数值的为价值型股票（value），B/M 值介于 30 与 70 分位数之间的为中性型股票（neutral），B/M 值小于 30 分位数值的为成长型股票（growth）；同时，由 $t-1$ 年 12 月底公司的财务基本面信息，分别根据 GPA、ROA、ROE、ROIC 进行单因素排序筛选，将所有公司分成 10 组，Low 组与 High 组分别表示公司盈利水平最低与最高组的组合；根据二元独立排序选股结果，在每种盈利指标的情形下，可以构建 30 个（3 × 10）"估值—盈利"投资组合，组合持有期为 t 年 7 月 1 日至 $t+1$ 年 6 月 30 日，每年对二维排序筛选的组合进行再平衡。

　　控制估值下的盈利策略获得的月度超额投资收益表现如表 6 - 5 所示，表 6 - 5 中投资组合均为市值加权型投资组合，月度超额投资收益用月度 FF3 α（百分比形式）表现，通过 2001 年 7 月至 2015 年 6 月间的 30 个"估值—盈利"组合的月度收益率与无风险收益率的差值，分别对相应的 Fama - French 三因子月度收益率进行时间序列回归，回归所得截距项即为"估值—盈利"组合各自的超额收益率，方框中数值为其对应的 t 值水平。

　　无论针对哪一种估值水平（成长型、中性、价值型）的盈利组合，即观察超额收益在表 6 - 5 中固定任意一列的变化情形，超额收益均呈现出随盈利水平上升而增大的趋势，并且该单调增加趋势在所有盈利策略中均十分稳健。进一步考量策略溢价程度的大小，即重点关注表 6 - 5 中最后一行——盈利投资的多空对冲组合在不同估值水平公司中的表现情况，我们可以明显发现：对于任何一种盈利策略，盈利溢价程度最高的均是在低账面市值比公司即成长型的公司中。例如，对于成长型公司（低 B/M 水平），基于 GPA 构建的对冲组合月度超额收益为 1.52%（$t=3.49$），而对于价值型公司（高 B/M 水平），GPA 的对冲组合月度收益仅为 1.13%（$t=3.01$），虽然仍然显著，但是相比成长型公司在绝对值上有了明显的下降。这种溢价程度的差异性在其他盈利投资策略中甚至更为突出，ROA 盈利对冲组合在成长型公司中获得的月度超额收益为 1.74%，显著性 t 值高达 4.60，而在价值型公司中仅有 0.23%，非常不显著（$t=0.46$），二者表现截然相反。基于 ROE 和 ROIC 构建的多空对冲组合也有类似表现，成长型公司的溢价水平分别为月度 1.33%（$t=3.78$）和 1.16%（$t=3.88$），对比之下，价值型公司的溢价分别骤降至 0.64（$t=1.37$）和 0.15（$t=0.39$）。

表 6 - 5　估值控制下的盈利策略投资收益

Portfolios	GPA			ROA			ROE			ROIC		
	Growth	Neutral	Value	Growth	Neutral	Value	Growth	Neutral	Value	Growth	Neutral	Value
Low	-0.88 [-2.36]	-0.56 [-2.32]	-0.65 [-2.47]	-1.42 [-4.40]	-0.20 [-0.55]	-0.13 [-0.29]	-1.08 [-3.54]	-0.33 [-1.11]	-0.44 [-1.25]	-1.02 [-4.15]	-0.30 [-1.21]	-0.24 [-0.82]
2	-0.97 [-3.64]	-0.30 [-1.22]	-0.57 [-2.77]	-0.77 [-3.40]	-0.59 [-2.54]	-0.50 [-2.03]	-1.11 [-5.03]	-0.45 [-2.25]	-0.41 [-1.81]	-0.43 [-1.99]	0.03 [0.15]	-0.25 [-1.09]
3	-0.65 [-2.59]	-0.09 [-0.42]	-0.35 [-1.76]	-0.99 [-3.86]	-0.24 [-1.15]	-0.41 [-1.93]	-0.97 [-3.76]	-0.23 [-1.04]	-0.55 [-2.67]	-0.66 [-2.52]	-0.36 [-1.61]	-0.51 [-2.76]
4	-0.62 [-2.20]	-0.16 [-0.77]	0.04 [0.22]	-0.94 [-3.64]	-0.21 [-0.99]	-0.60 [-2.88]	-0.66 [-2.39]	-0.21 [-1.03]	-0.42 [-2.34]	-0.72 [-3.00]	-0.17 [-0.91]	-0.20 [-1.04]
5	-0.17 [-0.67]	-0.37 [-1.92]	-0.44 [-2.06]	-0.44 [-2.06]	-0.15 [-0.75]	-0.32 [-1.70]	-0.37 [-1.53]	0.02 [0.12]	-0.14 [-0.85]	-0.40 [-1.48]	0.13 [0.67]	0.05 [0.31]
6	-0.38 [-1.73]	-0.13 [-0.63]	-0.14 [-0.68]	-0.41 [-1.58]	0.00 [0.00]	-0.01 [-0.05]	-0.61 [-2.62]	-0.15 [-0.79]	-0.09 [-0.47]	-0.27 [-1.03]	-0.28 [-1.43]	-0.03 [-0.17]
7	-0.45 [-1.85]	0.01 [0.05]	0.29 [1.53]	-0.16 [-0.70]	-0.16 [-0.86]	0.07 [0.43]	-0.17 [-0.69]	-0.04 [-0.23]	0.24 [1.34]	-0.24 [-1.11]	-0.03 [-0.16]	0.18 [1.22]
8	-0.02 [-0.07]	0.05 [0.23]	0.21 [1.11]	0.01 [0.05]	-0.09 [-0.50]	0.13 [0.81]	0.23 [0.91]	0.01 [0.07]	0.16 [0.95]	0.42 [1.61]	-0.06 [-0.28]	0.20 [1.00]
9	0.23 [0.89]	0.11 [0.44]	0.01 [0.02]	0.52 [2.10]	0.15 [0.66]	0.07 [0.37]	0.42 [1.85]	0.25 [1.14]	0.23 [1.26]	0.06 [0.27]	0.53 [2.12]	0.38 [2.00]
High	0.64 [2.62]	0.79 [3.23]	0.48 [2.07]	0.32 [1.37]	0.64 [2.50]	0.10 [0.48]	0.24 [1.07]	0.72 [2.36]	0.20 [0.69]	0.14 [0.70]	0.37 [1.52]	-0.09 [-0.30]
High - Low	1.52 [3.49]	1.35 [3.95]	1.13 [3.01]	1.74 [4.60]	0.84 [1.90]	0.23 [0.46]	1.33 [3.78]	1.05 [2.53]	0.64 [1.37]	1.16 [3.88]	0.67 [2.05]	0.15 [0.39]

因此，由"估值—盈利"二维选股体系的横截面投资绩效分析可知，盈利溢价在低 B/M 的成长型公司中更加显著，这为价值投资者提供了新的选股方向锚定——构建策略时重点筛选高盈利、成长性良好的优质公司。该研究发现与美国股票市场的相关研究结论相似，Novy - Marx（2013）研究发现股票市场中的盈利异象在成长型公司中表现得更加突出，投资高盈利公司可以为传统价值投资策略提供良好的对冲并增强风险调整后的收益水平。

第四节   规模与估值控制下的策略收益分析

一、规模、价值和盈利三因子排序

在本小节中，为了进一步厘清规模因子、价值因子对于盈利策略的影响，根据公司市值规模、估值水平、盈利进行三维排序分析来构建投资组合，从而观察在同时控制规模与估值之后，企业的盈利溢价水平会有什么样的变化。

在 t 年 6 月底，对样本公司进行三元排序选股分析，具体而言，市值规模与估值水平的排序分组标准与前文一致，均采用整体市场 t 年 6 月底的 30 和 70 分位数值作为分组临界点，从而样本公司按照市值从大到小分为大盘股、中小盘股和小盘股；按照估值水平高低（通过 B/M 衡量）分成价值型、中性型和成长型股票；盈利分组采用 $t-1$ 年底的基本面信息分成 5 组，这相比之前单因素和双因素排序中盈利因子的 10 个分组有所不同的原因是，在三元排序分析体系下，样本公司被进一步分散化，如果盈利仍然分 10 组会造成最终组合的过分多元化，导致某些组合中的上市公司数目过少甚至在部分年度存在缺失，无法遍历，该问题在较早年份即上市公司总数不多的情况下尤其明显，故将盈利分组由 10 组变为 5 组；因此，最终按照以上处理方式完成三元排序选股分析，可以得到 45（3×3×5）个"规模—估值—盈利"投资组合，所有组合从 t 年 7 月 1 日至 $t+1$ 年 6 月 30 日持有，每年对三维排序结果进行一次再平衡。

表 6-6 中展示了三元联合选股体系下构建的"规模—估值—盈利"投资组合在样本期中的横截面业绩，投资组合均采用市值加权型，投资收益展示月度超额收益（FF3 α，百分比形式）。FF3 α 通过 2001 年 7 月至 2015 年 6 月间的 45 个"规模—估值—盈利"组合的月度平均收益与无风险收益率作差，分

别对相应的 Fama – French 三因子月度收益率进行回归，所得截距项即为"规模—估值—盈利"组合各自的超额收益率，下方的方括号中数值为其对应的回归 t 值。

表 6 – 6　　　"规模—估值—盈利"组合横截面投资收益表现

Portfolios	Micro			Small			Large		
	Growth	Neutral	Value	Growth	Neutral	Value	Growth	Neutral	Value
Panel A：GPA									
Low	0.24 [0.58]	0.40 [1.28]	-0.01 [-0.03]	-1.44 [-4.56]	-0.27 [-1.17]	-0.45 [-2.14]	-0.96 [-3.05]	-0.34 [-1.12]	-0.74 [-2.68]
2	-0.37 [-1.12]	0.05 [0.24]	0.06 [0.32]	-0.26 [-1.05]	-0.08 [-0.43]	-0.18 [-0.95]	-0.50 [-1.62]	0.08 [0.35]	-0.12 [-0.58]
3	0.03 [0.09]	-0.15 [-0.83]	0.08 [0.38]	-0.29 [-1.24]	0.04 [0.23]	-0.06 [-0.29]	-0.11 [-0.44]	-0.16 [-0.66]	-0.48 [-1.98]
4	-0.49 [-1.87]	0.27 [1.21]	0.06 [0.28]	-0.28 [-1.25]	0.13 [0.66]	0.36 [1.59]	-0.07 [-0.27]	0.24 [0.85]	0.30 [1.53]
High	0.07 [0.22]	0.44 [1.78]	0.23 [0.78]	0.51 [1.99]	0.33 [1.41]	-0.18 [-0.66]	0.72 [2.80]	0.90 [3.17]	0.39 [1.82]
High – Low	-0.20 [-0.37]	0.04 [0.10]	0.24 [0.69]	1.96 [5.13]	0.61 [2.03]	0.27 [0.91]	1.68 [4.25]	1.24 [3.00]	1.13 [3.17]
Panel B：ROA									
Low	0.07 [0.22]	-0.04 [-0.18]	0.25 [0.86]	-0.77 [-3.11]	-0.40 [-1.41]	-0.58 [-2.27]	-1.52 [-3.92]	-0.49 [-1.30]	-0.45 [-0.83]
2	-0.14 [-0.53]	0.31 [1.41]	0.00 [0.00]	-0.70 [-3.13]	-0.20 [-1.09]	-0.25 [-1.29]	-1.04 [-3.30]	-0.18 [-0.64]	-0.78 [-2.76]
3	-0.31 [-0.90]	0.03 [0.15]	0.18 [0.90]	-0.15 [-0.67]	-0.03 [-0.17]	0.16 [0.82]	-0.35 [-1.23]	0.20 [0.87]	-0.36 [-1.62]
4	-0.50 [-1.65]	0.16 [0.70]	0.05 [0.22]	0.09 [0.38]	0.45 [2.45]	-0.08 [-0.39]	0.08 [0.36]	-0.15 [-0.72]	0.17 [0.94]
High	-0.13 [-0.35]	0.42 [1.45]	0.05 [0.15]	0.53 [1.93]	0.26 [1.04]	0.07 [0.26]	0.59 [2.55]	0.71 [2.90]	0.11 [0.60]
High – Low	-0.20 [-0.45]	0.46 [1.28]	-0.20 [-0.44]	1.31 [3.66]	0.65 [1.92]	0.65 [1.80]	2.11 [4.97]	1.21 [3.19]	0.57 [1.01]

续表

Portfolios	Micro			Small			Large		
	Growth	Neutral	Value	Growth	Neutral	Value	Growth	Neutral	Value
Panel C：ROE									
Low	0.13	-0.07	0.14	-0.90	-0.27	-0.52	-1.51	-0.41	-0.42
	[0.42]	[-0.35]	[0.59]	[-3.75]	[-1.12]	[-2.08]	[-4.23]	[-1.23]	[-1.00]
2	0.03	0.22	0.03	-0.69	-0.08	-0.41	-0.81	-0.18	-0.58
	[0.08]	[1.14]	[0.15]	[-2.91]	[-0.43]	[-2.26]	[-2.45]	[-0.51]	[-2.17]
3	-0.82	0.14	-0.20	-0.04	-0.01	0.20	-0.54	0.17	-0.24
	[-2.73]	[0.62]	[-1.01]	[-0.17]	[-0.05]	[1.01]	[-1.93]	[0.72]	[-1.13]
4	0.12	0.20	0.46	0.34	0.39	0.32	0.14	-0.08	0.03
	[0.39]	[0.87]	[1.70]	[1.30]	[1.94]	[1.49]	[0.56]	[-0.40]	[0.17]
High	-0.58	0.51	-0.02	0.15	0.23	-0.17	0.55	0.79	0.23
	[-1.97]	[1.69]	[-0.05]	[0.61]	[0.88]	[-0.60]	[2.60]	[3.05]	[1.27]
High－Low	-0.71	0.58	-0.16	1.06	0.50	0.35	2.06	1.20	0.65
	[-1.65]	[1.82]	[-0.33]	[3.31]	[1.53]	[1.02]	[5.29]	[3.12]	[1.56]
Panel D：ROIC									
Low	0.05	0.07	0.23	-0.75	-0.15	-0.54	-0.95	0.18	-0.21
	[0.21]	[0.30]	[0.97]	[-3.12]	[-0.68]	[-2.24]	[-3.46]	[0.48]	[-0.56]
2	-0.20	0.19	-0.11	-0.52	-0.10	-0.28	-0.98	-0.46	-0.34
	[-0.56]	[0.96]	[-0.62]	[-2.45]	[-0.54]	[-1.56]	[-3.26]	[-1.78]	[-1.53]
3	-0.50	0.14	0.06	-0.12	-0.11	-0.01	-0.32	0.00	-0.02
	[-1.47]	[0.62]	[0.32]	[-0.50]	[-0.53]	[-0.03]	[-1.04]	[-0.01]	[-0.11]
4	-0.07	0.21	-0.19	0.03	-0.01	0.26	0.22	-0.01	0.21
	[-0.23]	[0.94]	[-0.84]	[0.11]	[-0.07]	[1.40]	[0.93]	[-0.06]	[1.20]
High	-0.59	0.06	-0.35	-0.08	0.26	-0.27	0.20	0.67	0.29
	[-2.25]	[0.25]	[-0.91]	[-0.40]	[1.10]	[-0.99]	[0.97]	[2.58]	[1.39]
High－Low	-0.64	-0.01	-0.59	0.67	0.42	0.27	1.15	0.49	0.50
	[-1.82]	[-0.05]	[-1.44]	[2.49]	[1.51]	[0.79]	[3.96]	[1.15]	[1.26]

二、投资绩效分析

表6-6的实证结果显示，无论对于使用何种指标刻画公司的盈利水平（表6-6中的不同面板），大盘股的盈利溢价水平均强于小盘股，这与表6-2

的发现一致，同时可以进一步发现，公司盈利水平对于股票横截面收益的正向预测能力在大盘股和成长型企业的联合分组中更强，即在这类股票中，预期超额投资收益与公司盈利水平几乎严格单调递增，多空对冲组合的盈利溢价程度最高。例如，在面板 A 即由 GPA 构建的盈利投资策略中，在大市值规模和成长型股票的分组中，GPA 盈利对冲策略可以获得一个月平均 1.68% （$t = 4.25$）的超额投资收益，在其 45 个投资组合中表现相对最优，而小盘股或价值型股票组合的盈利溢价多为不显著或超额收益水平较低；面板 B、C 具有类似的收益特征，依次基于 ROA 和 ROE 构建的盈利多空对冲策略在其各自大盘股和成长型的分组里，分别可以斩获高达月平均 2.11% （$t = 4.97$）和 2.06% （$t = 5.29$）的超额投资收益，投资表现远远超过同维度下其他所有组合；面板 D 中的 ROIC 对冲组合的溢价程度相对较低，但是各类三维排序分组的投资组合中，表现最突出的依然是在其大市值、成长型股票中，月均超额收益为 1.15% （$t = 3.96$）。

总结来看，依靠"规模—估值—盈利"三维排序联合选股体系，不同盈利套利组合可以斩获的年化超额投资收益由高到低依次为 28.48% （ROA）、27.72% （ROE）、22.13% （GPA）、14.71% （ROIC），括号中的变量表示构建组合时盈利性的具体衡量指标。可以看出，基于盈利构建的该三维联合选股体系可以获取的投资绩效非常可观，年化平均超额收益最高可以达到 30% 左右。

因此可以证明：在中国股票市场中，盈利溢价效应在大市值规模、成长型（低 B/M）的股票中表现更加显著。投资者在构建盈利驱动的价值投资策略时，应当同时兼顾估值水平和规模，综合考量之后再进行决策分析，重点锚定的目标公司应该同时具备以下特征：自身市值规模较大、盈利水平突出且财务状况稳健、成长性良好（尽管当前估值水平可能会相对偏高）。

第五节　本章小结

本章紧承上一章，运用投资组合分析法中的多元排序股票筛选，对于盈利策略的稳健性进行了全面的检验，进一步证实了盈利溢价效应在 A 股市场中的显著存在性。本章首先分别对经典股票市场异象在中国市场环境下进行测度，研究发现规模效应显著的证据十分充分，而价值效应的表现并不明显，表明了仅仅关注估值的传统价值投资策略的投资绩效并不突出；其次，通过二元排序分析依次研究了控制规模和控制估值两种情形下的盈利策略收益如何变化；最后，进一步利用多元排序分析，同时控制规模与估值，观测"规模—估值—盈利"三维联合选股组合的超额收益表现，证明了盈利溢价效应在低账面市值比（成长型）、高市值规模的股票组合中更加凸显。在所有投资组合分析中，投资绩效均使用风险调整后的收益来衡量（FF3 α），显著存在的超额收益表明 Fama – French 三因子定价模型并不能解释盈利溢价效应。这不仅详细证明了盈利策略的稳健性，更为价值投资者提供了 A 股市场中的实践指导：依照"盈利—规模—估值"三维排序联合选股体系，投资盈利水平出色、成长性优异的大盘股，可以获得良好的投资表现。

其中，盈利溢价程度在大盘股组合中更强的实证结果与目前成熟资本市场中的发现有所不同，例如在美国，企业的盈利溢价现象在小市值股票中表现得更加明显，而究其背后驱动因素，主要是依靠行为金融理论进行解释，如投资者在做空小盘股时会有更高的交易成本和投资摩擦，同时小盘股通常会受到更少的投资者、分析师及财经媒体等的关注，具有更高的预测偏差与估值不确定性，并通常相关交易成本较高，而这些因素都会造成更高的错误定价程度，从而引起小盘股更高的盈利溢价（Novy – Marx，2013；Lam、Wang 和 Wei，2014）。结合第六章中盈利对冲组合收益来自多头与空头端的贡献呈现对称分布的研究发现可知，中国市场的盈利溢价效应与错误定价理论驱动的股票市场异象所表现的实证特征存在较明显的不一致性。

因此，综合上述实证发现，我们可以得到如下启示：在探究中国股票市场盈利溢价的背后经济学逻辑时，不可简单地直接套用西方成熟市场的相关研究结论，这也为后文研究适应盈利策略的实践成因解释时提供了方向性的锚定——需要在结合中国市场实际环境的前提下，更加重视对于风险理论的检验。

第七章

盈利策略的经济机制研究

对于股票市场异象变量取得超额收益的解释一直是资产定价实证研究领域集中了极高关注度与争议性的重要问题，来自风险补偿与行为金融两大理论的学者都在尝试提出各自的解读，针对不同市场环境、异象变量种类，相应起作用的理论机制也并不相同。在中国市场中，研究盈利异象的主要决定因素与合理经济学解释，对于构建有效的以盈利驱动的价值投资策略至关重要。本章通过对比分析行为金融学体系下的错误定价理论与新古典金融学体系下的 Q 理论，实证研究盈利投资策略背后的经济机制解释。

第一节　基于错误定价理论解释的检验

在本小节，主要将盈利溢价现象在现代行为金融理论的分析框架下进行相关实证检验，采用投资组合分析法，旨在研究盈利策略在中国市场获取超额收益的来源是否可以由行为金融学中基于有限套利、估值不确定性、有限关注等理论的错误定价效应（mispricing）来进行解释。

一、错误定价理论与盈利溢价效应

基于对行为金融理论的梳理，由各种投资者行为偏差所引起的错误定价效应可以解释相关资产定价异象变量对于股票投资收益率的预测，截至目前，国际学术界并未形成一个公认的、集大成性的错误定价衡量模型，而是涌现出了阐述错误定价的不同理论机制，来试图对现行市场异象提供较合理的解释。

行为金融学中的很多研究表明，由于投资者的非理性与信息不对称、市场有效套利的存在，股票市场中会出现系统性的错误定价行为，伴随产生的是相关市场异象对于股票收益具备显著的预测能力（Daniel、Hirshleifer 和 Subrah-manyam，2001；Barberis 和 Shleifer，2003；Hirshleifer 和 Jiang，2010）。具体在盈利异象方面，Wang 和 Yu（2013）与 Lam、Wang 和 Wei（2014）的最新研究主要采用美国市场的数据，研究发现，投资者的行为偏差例如保守主义（Barberis、Shleifer 和 Vishny，1998）、过度自信（Daniel、Hirshleifer 和 Subrah-manyam，1998）与有限关注（Hong 和 Stein，1999）等会使投资者无法充分解读公司盈利相关的信息，造成在投资决策时选择出现差异性，导致高盈利公司被相对低估而低盈利公司被相对高估的错误定价现象。本文在已有研究的基础上，主要检验有限套利（limits – to – arbitrage）和估值不确定性（valuation un-certainty）两大理论对于盈利溢价效应的解释能力。

　　与风险补偿理论中关于理想市场无交易成本的强假设不同，有限套利理论认为实际投资中存在不可忽视的交易成本，并会相应引起投资摩擦，这会阻碍套利者立刻对股票的错误定价机会进行交易并获利。因此，当套利的成本与限制较多时，错误定价现象会在市场上持续存在一定时间，股票价格对于信息的反映也会出现系统性的偏差（Shleifer 和 Vishny，1997）。在这样的逻辑体系下，有限套利可以去解释目前市场中的一些异象变量，并且有很多溢价现象在有效套利程度更大的公司中表现更强（例如，Ali、Hwang 和 Trombley，2003；Nagel，2005；Lam 和 Wei，2011；Li 和 Zhang，2010）。Wang 和 Yu（2013）实证研究发现，在美国市场中，盈利溢价效应并不由传统宏观经济因子所决定，更有可能是由有限套利来解释。盈利溢价效应在更高交易成本、更强卖空限制、更大非流动性程度的公司中表现更强，并且盈利对冲组合的溢价主要是来自于做空低盈利公司获取的超额收益，这主要由于相比做多，投资者卖空会受到更大的成本限制与交易障碍，从而使得错误定价现象中，股价高估相比低估更难以消除，偏离内涵价格的程度更大。

　　在估值不确定方面，Hirshleifer（2001），Daniel、Hirshleifer 和 Subrahman-yam（1998，2001），Zhang（2006）和 Kumar（2009）等研究均发现，投资者的行为偏差在估值不确定性更高的公司中更大，即当投资者对于公司的信息越有限时，其投资决策出现偏误的可能性更大。Liang（2003）和 Francis、LaFond、Olsson 和 Schipper（2007）均研究发现估值不对称性可以引起公司的盈余公告漂移效应。Zhang（2006）主要针对惯性溢价效应，研究指出惯性交易策略的投资绩效在那些不确定性高的股票中表现更好。Stambaugh、Yu 和 Yuan（2012）研究关注了众多现有资本市场异象，其中包括盈利异象，发现一个共性规律是溢价效应在投资者情绪更高的时期表现更强，而此时股票的不确定性也更高。Wang 和 Yu（2013）研究证明，估值不确定性理论可以解释盈利异象的部分变化，并指出估值信息不确定性高的公司往往进行套利交易的难度较大，即估值不确定与有限套利程度在某种意义上是相互增强的，二者可能同时存在。

二、错误定价刻画

综合考虑 Zhang（2006），Kumar（2009），Wang 和 Yu（2013），Hirshleifer、Hsu 和 Li（2013）和 Lam、Ma、Wang 和 Wei（2014）的实证研究设计，并结合中国股票市场现状，本节计划采用 5 个代理变量来刻画股票的错误定价效应，股票异质性风险（IVOL）与换手率（TURN）作为描述估值不确定性的代理变量，而 Amihud 非流动性指标（ILLIQ）、股票收盘价格（PRC）和成交总金额（RVOL）作为有限套利性的代理变量，各个变量的具体计算方法已在第四章第二节中详细描述。

一般情况下，异质性风险（IVOL）更高、换手率越大时，股票的估值不确定性越大。当股票的历史价格波动性很强，则预测股票未来收益的难度就越高。套利交易者一般为风险规避型且通常不充分分散化投资组合，故在所有类型的风险中，最主要关注的风险就是异质性风险，与公司的特征直接相关（Shleifer 和 Vishny，1997；Pontiff，2006）。IVOL 越高，投资者越难以对公司准确估值，因而错误定价的程度越高。换手率可以用于衡量投资者过度自信（overconfidence）的行为偏差（Statman、Thorley 和 Vorkink，2006），当投资者过度自信偏差时，会更依赖于私人信号进行交易，而忽略公共信号。因此，当股票换手率越大时，往往伴随着市场中的过度交易，此时股票价格未能充分反映所有公共信息，投资者面临更高的信息不对称程度而难以预测未来股票的收益情况，错误定价发生的概率增大。

而在衡量有限套利的代理变量中，Amihud 非流动性指标与有限套利程度正相关，而收盘价格、成交金额均与有限套利程度负相关。Amihud（2002）提出的非流动性指标是衡量有限套利程度的经典代理变量，表示单位时间中单位交易金额对于股票价格的冲击程度。流动性具体指投资者寻找一个理想价格所花费的时间，或者是在固定时间内完成某一笔交易所花费的成本，在一定时间内，某笔大额交易可以以接近市场整体平均价格成交，或者某笔小额交易能以当前市场价格完成时，表明流动性越好。当个股流动性越差，即 ILLIQ 越高时，投资者面临的潜在套利成本越高，错误定价的程度越大。股票收盘价格和成交金额变量均可用来反映股票交易成本，Stoll（2000）研究指出股票收盘价格与买卖价差（bid - ask spread）和经济佣金（brokerage commission）均呈负相关关系，即更高的收盘价格一般伴随着更低的交易成本；而 Bhushan（1994）研究发现可以用个股成交总金额来衡量投资者交易某笔大额买卖的完成速度，更高的成交金额往往伴随着更低的股票价格冲击影响，即更低的套利成本。

综上所述，具备更高异质性风险和换手率水平特征的公司被认为是估值更加具有不确定性，相应投资者的信息不对称性更严重，从而会引起更强的错误定价效应；同时，投资于更高 Amihud（2002）非流动性指标、更低的收盘价格以及更低的成交总金额的公司时，投资者面临的交易成本更高，有限套利程度明显，从而股票错误定价程度更加凸显。

三、实证检验

在实证研究过程中，本节主要采用投资组合分析法检验盈利溢价水平如何随着错误定价程度的改变而变化，其中错误定价程度主要由有限套利和估值不确定性两方面来衡量，而投资组合的构建是通过对企业盈利和错误定价的代理变量两两之间逐步进行二元排序完成。

该二元排序选股分析过程如下：在 t 年 6 月底，首先将样本中的公司按照错误定价程度分成三组（低、中、高），分组临界点采用每一种代理变量在 t 年 6 月底的 30 和 70 分位数值。由于一共使用 5 种代理变量刻画错误定价程度，其中异质风险、换手率、非流动性指标与错误定价程度正相关，而收盘股价和成交总金额与错误定价负相关，故根据各个代理变量的排序结果，高于 IVOL、TURN、ILLIQ 的 70% 分位数值或低于 PRC、RVOL 的 30% 分位数值的公司被视为高错误定价程度组（High 组），而低于 IVOL、TURN、ILLIQ 的 30% 分位数值或高于 PRC、RVOL 的 30% 分位数值的公司被视为低错误定价程度组（Low 组）。与此同时，对于企业盈利，由 $t-1$ 年 12 月底公司的基本面信息，分别根据 GPA、ROA、ROE、ROIC 进行单因素排序，将所有公司分成 10 组，其中 L 组表示公司盈利水平最低组，而 H 组表示公司盈利水平最高组。

由于错误定价程度依靠 5 种代理变量刻画，因此该二元排序分析共有 5 种并列的错误定价程度情形，而在每种情形之中，对应有 4 种盈利描述方法，当确定错误定价和盈利的代理变量后，根据各自独立排序中生成的分组标识，每种二元排序筛选结果拥有 30 个（3×10）"错误定价—盈利"投资组合，对这些组合的持有期为 t 年 7 月 1 日至 $t+1$ 年 6 月 30 日，每年利用更新后的基本面信息与市场交易相关数据对二维排序筛选的组合进行再平衡。投资组合均采用市值加权型，投资绩效使用月度超额收益（FF3 α，百分比形式），FF3 α 通过 2001 年 7 月至 2015 年 6 月间的 30 个"错误定价—盈利"组合的月度平均收益与无风险收益率作差，分别对相应的 Fama – French 三因子月度收益率进行时间序列回归，所得截距项即为 FF3 α，各自相应的回归 t 值水平位于其下方的方括号中。

在表 7 – 1 中，考虑到汇报空间的有限，同时为了更直观地显示盈利溢价大小随着错误定价程度的变化情况，对于每种"错误定价—盈利"二元排序分组结果，表 7 – 1 中并没有展示全部的排序分组情况，而是主要展示了错误定价程度高组（High 组）和程度低组（Low 组）在对应盈利最高组（H 组）、最低组（L 组）以及盈利对冲组（H – L 组）形成二维联合排序组合的投资绩效。首先，观察表 7 – 1 中前两组面板的结果，可以很明显地发现，盈利对冲组合的溢价效应并没有在估值不确定性更高的公司中表现更加明显。具体来看：第一个面板显示盈利溢价在异质性风险更低的公司中更强，即在估值不确定性弱、错误定价程度低的公司组合中表现更强。例如 GPA（ROA、ROE、ROIC）对冲组合在低异质性风险组中的月度平均超额收益为 1.58%（1.25%、1.10%、1.49%）非常显著，相比之下在高异质性风险组中的月平均超额收益仅为 0.92%（0.74%、0.45%、0.27%），收益绝对值和显著性水平均明显低于前者。在估值不确定性的另外一种测度——换手率中，同样可以观测到类似的结论，低换手率组比高换手率组中的公司的盈利溢价现象更为突出，即盈利对冲组合同样表现出在错误定价程度低的股票中有着更好的投资绩效。因此前两个面板中的实证证据均表明，在中国股票市场中，估值不确定性并不能增强盈利溢价，相反却呈现出了减弱的情形，这与诸多由错误定价理论驱动的股票市场表现相背离。其次，综合分析表 7 – 1 中第三到第五面板中的实证结果，可以发现：在有限套利测度更低的公司中，盈利溢价效应越明显，即盈利对冲组合在套利成本更低、错误定价程度低的公司中能够获取更高的超额收益，与估值不确定性的实证检验结果一致。例如，对于使用 Amihud 非流动性指标来作为有限套利程度的代理变量时（即表 7 – 1 中的第四个面板），基于 GPA 构建的对冲组合的超额投资收益在低 ILLIQ 组（低交易成本）为月平均 1.18%（$t = 3.11$），而在高 ILLIQ 组（高交易成本）的收益却减少了近 50%，为 0.64%（$t = 1.43$）且在统计上不再显著，这与行为金融中解释市场异象变量时给出的经典解释完全相反。在行为金融分析框架下，交易成本的存在可以阻碍投资者及时利用市场中的错误定价现象充分交易获利，即导致有限套利发

表7-1　错误定价程度与盈利溢价效应检验

错误定价程度	衡量	GPA L	GPA H	GPA H-L	ROA L	ROA H	ROA H-L	ROE L	ROE H	ROE H-L	ROIC L	ROIC H	ROIC H-L
Low	IVOL	-0.65 [-2.42]	0.94 [3.95]	1.58 [4.32]	-0.79 [-1.26]	0.45 [2.29]	1.25 [1.90]	-0.52 [-1.10]	0.58 [2.72]	1.10 [2.12]	-0.93 [-2.37]	0.55 [2.54]	1.49 [3.46]
High	IVOL	-0.75 [-2.54]	0.18 [0.60]	0.92 [2.45]	-0.72 [-2.71]	-0.03 [-0.09]	0.74 [1.94]	-0.44 [-1.80]	-0.02 [-0.07]	0.45 [1.32]	-0.39 [-1.62]	-0.12 [-0.45]	0.27 [0.88]
Low	TURN	-0.62 [-2.35]	0.80 [3.40]	1.42 [3.84]	-0.94 [-1.85]	0.52 [2.47]	1.46 [2.56]	-0.77 [-1.94]	0.66 [2.96]	1.43 [2.99]	-0.68 [-2.14]	0.38 [1.97]	1.06 [2.87]
High	TURN	0.66 [1.42]	0.88 [2.09]	0.22 [0.36]	0.34 [0.86]	0.50 [1.12]	0.16 [0.28]	0.43 [1.12]	0.32 [0.74]	-0.10 [0.19]	0.65 [1.57]	0.26 [0.71]	-0.39 [-0.82]
Low	PRC	-1.50 [-3.70]	0.76 [3.28]	2.26 [5.20]	-1.27 [-1.79]	0.44 [1.98]	1.73 [2.31]	-0.28 [-0.40]	0.47 [2.04]	0.65 [0.87]	-0.49 [-1.28]	0.30 [1.49]	0.78 [1.91]
High	PRC	-0.48 [-1.78]	0.58 [2.07]	1.06 [2.81]	-0.49 [-1.79]	0.21 [0.63]	0.70 [1.93]	-0.59 [-2.33]	0.51 [1.35]	1.10 [2.70]	-0.47 [-1.89]	-0.07 [-0.25]	0.40 [1.44]
Low	ILLIQ	-0.27 [-0.86]	0.91 [4.17]	1.18 [3.11]	-0.32 [-0.77]	0.51 [2.54]	0.83 [1.79]	-0.15 [-0.38]	0.50 [2.51]	0.65 [1.51]	-0.07 [-0.23]	0.37 [1.94]	0.43 [1.32]
High	ILLIQ	-0.48 [-1.73]	0.16 [0.44]	0.64 [1.43]	-0.17 [-0.53]	-0.27 [-0.65]	-0.09 [-0.18]	-0.03 [-0.09]	-0.03 [-0.06]	0.00 [0.01]	-0.51 [-1.91]	-0.17 [-0.38]	0.34 [0.68]
Low	RVOL	-0.30 [-0.97]	0.88 [3.99]	1.17 [3.15]	-0.31 [-0.80]	0.48 [2.30]	0.79 [1.86]	-0.13 [-0.36]	0.46 [2.20]	0.59 [1.46]	0.02 [0.07]	0.31 [1.58]	0.29 [0.92]
High	RVOL	-0.55 [-2.14]	0.09 [0.34]	0.64 [1.85]	-0.35 [-1.17]	0.12 [0.39]	0.47 [1.27]	-0.02 [-0.05]	0.31 [0.94]	0.33 [0.75]	-0.78 [-3.12]	0.18 [0.47]	0.96 [2.09]

生，即投资交易成本会增强市场异象的表现。与此同时，对于企业盈利的全部
四种衡量方式，GPA、ROA、ROE、ROIC，在有限套利的三种刻画情形中，均
可以发现盈利溢价在有限套利程度更低的公司中反而会表现更强，即与上述行
为金融理论解读相矛盾的实证检验结果。

总结来看，本小节实证检验发现了与行为金融分析框架下的错误定价解释
截然相反的实证结果，即企业的盈利溢价在估值不确定性因素更低、有限套利
程度不严重的公司中反而会更加显著。因此，表 7 – 1 中的检验结果表明：在
中国股票市场中，企业盈利策略所取得的超额收益来源，并不能利用基于投资
者行为偏差的错误定价理论进行解释。

第二节　基于 Q 理论解释的检验

在本节中，主要关注风险视角下基于投资的 Q 理论资产定价模型对于盈
利溢价效应的解释情况。在 Q 理论的逻辑框架下，本节通过对于投资摩擦的
全面刻画，实证检验在中国票市场中，Q 理论是否可以解释企业盈利与预期投
资收益的正向相关关系。

一、Q 理论与盈利溢价效应

根据第二章第三节中理论部分的详细研究，为了更好地阐述 Q 理论对于
盈利效应的解释，这里不再重复赘述模型的理论假设和详细推演过程，简要来
看：在 Q 理论资产定价模型的分析框架下，共有 2 期（$t=0$、1）、N 家异质性
的公司，标记为 i（$i=1$，2，3，…，N）；公司 i 的营运利润函数为 $\Pi_{it}(A_{it})$，
此处为了模型表达的直观和简明，不再像 Hou、Xue 和 Zhang（2015a）中假设
公司的利润函数 Π_{it} 会受到随机冲击，即 Π_{it} 不再是一个随机函数，这样的处
理方式与 Livdan、Sapriza 和 Zhang（2009），Li 和 Zhang（2010），Sun、Wei 和
Xie（2014）中的假设一致；在两期中，公司资产的关系为：$A_{i1}=I_{i0}+(1-\delta)$
A_{i0}，I_{i0} 为企业 i 在 $t=0$ 期时的初始投资额，δ 为折旧率；成本函数为 $C(I_{it},A_{it},$
$a_i)$，其中 a_i 用于刻画公司 i 面临的投资摩擦程度。在 $t=0$ 期初始，公司 i 通
过选择最优投资 I_{i0}^*，旨在最大化其股票的市场价值，即如式（7.1）所示

$$\max_{I_{i0}} \Pi_{i0}(A_{i0}) - I_{i0} - C(I_{i0},A_{i0},a_i) + \frac{1}{R_i}\big[\Pi_{i1}(A_{i1}) + (1-\delta)A_{i1}\big] \quad (7.1)$$

令 R_i 表示公司 i 的贴现率也就是预期投资收益率，A_{i1}^* 为公司 i 在 $t=1$ 期的

最优资本，表示为 $A_{i1}^{*} = I_{i0}^{*} + (1 - \delta) A_{i0}$，求解上述优化问题，从而得到一阶最优条件为

$$R_i = \left[\frac{d\Pi_{i1}(A_{i1}^{*})}{d A_{i1}^{*}} + (1 - \delta) \right] \Big/ \left[1 + \frac{\partial C(I_{i0}^{*}, A_{i0}, a_i)}{\partial I_{i0}^{*}} \right] \qquad (7.2)$$

根据公式（7.2）可知：预期股票投资收益 R_i 由 $t = 1$ 期公司投资的边际收益 $\left(\frac{d\Pi_{i1}(A_{i1}^{*})}{d A_{i1}^{*}} + (1 - \delta) \right)$ 与在 $t = 0$ 期投资的边际成本 $\left(1 + \frac{\partial C(I_{i0}^{*}, A_{i0}, a_i)}{\partial I_{i0}^{*}} \right)$ 之比得到。因此，当公司的投资边际成本相同时，拥有更高边际盈利水平（即 $\frac{d\Pi_{i1}(A_{i1}^{*})}{d A_{i1}^{*}}$ 更大）的公司，其预期股票投资收益更高。然而这里需要指出的是，公司的成本函数 $C(I_{it}, A_{it}, a_i)$ 是关于投资摩擦 a_i 的单调递增函数，投资摩擦更严重的公司在投资时会面临更高的边际成本，因此，对于一家遭受投资摩擦程度非常强的公司，尽管其盈利增长幅度可能非常突出，股票预期投资收益的增长也可能非常微弱，即盈利溢价程度并不明显。换而言之，投资摩擦可以通过边际投资成本这一作用渠道，对于公司盈利在股票横截面收益方面的正向预测能力产生相反的影响，在控制公司投资不变的情况下，投资摩擦会反向影响盈利溢价效应的显著性水平。综上分析可知：如果 Q 理论可以很好地解释中国股票市场中盈利溢价所产生的超额收益来源，则盈利策略应当在投资摩擦更微弱（严重）的上市公司中斩获的业绩更为突出（低迷）。

二、投资摩擦刻画

（一）投资摩擦与融资约束

为了检验 Q 理论对于盈利投资策略的解释力，可以重点通过投资的边际成本渠道，研究投资摩擦对于盈利溢价程度的影响机制，因此在实证研究过程中，重点在于对投资摩擦的代理变量选取，以求全面、客观地刻画投资摩擦变化。

投资摩擦是一个相对抽象的概念，如何在实际研究中将其准确诠释是众多学者关注的问题。参照 Li 和 Zhang（2010），Sun、Wei 和 Xie（2014），Hou、Xue 和 Zhang（2015a）等人的研究方法，本文通过公司层面的融资约束（financial constraint）代理变量来具体识别投资摩擦的大小，这种处理方式蕴含的假设为由于投资成本例如资本调整成本（adjustment costs of capital）的存在，股票市场中的投资摩擦会给公司在边际水平上造成额外的融资成本，即融资约束更高的公司往往会面临更高的投资成本，从而伴随着更强的投资摩擦（Li

和 Zhang，2010）。当投资相关成本上升时，融资约束更强的公司由于在获取外部融资方面的困难，更有可能去削减其原本计划在产品研发和技术创新、大型资本支出、公司运营及人力资本扩张方面投入的资金，因而此类公司更有可能失去有竞争力或高回报预期的投资项目（Campello、Graham 和 Harvey，2010）。Li Dongmei（2011）进一步实证研究证明了融资约束程度与股票投资收益之前的负相关关系，尤其是在研发密集型（R&D intensive）的公司中表现明显。这是由于投入资本的短缺，融资约束大的公司倾向于中断或不涉足那些盈利预期良好、有长投资周期的优质项目，而这会提升此类公司的风险并对其股票预期收益产生反向影响。

Modigliani 和 Miller（1958）假设在完美市场状态下，企业内部与外部的资本成本一致，可以无差异替代，企业可以根据投资的需要筹措到充足的资本。但是后来大量研究表明这样的完美市场只是理想状态，由于信息不对称性、交易成本、财务困境等因素的影响，企业获取外部资金的成本与内部资金存在差异，进行投资决策时会出现由于外部资金可获得性的限制而放弃有价值的投资项目的情形，即存在"融资约束"。在随后的研究中，融资约束对公司行为的影响受到了众多学者的关注，大量研究表明，从投资—现金流敏感性程度（Fazzari、Hubbard 和 Petersen，1988）、构建融资约束指数等（Kaplan 和 Zingales，1997）不同角度研究了企业融资约束程度的度量方式和决定因素，并且大部分研究认为融资约束会对公司价值产生影响（Lamont、Polk 和 Saa－Requejo，2001；Baker、Stein 和 Wurgler，2003）。近几年，更多的学者开始关注新兴经济体市场，Dethier Hirn 和 Straub（2011），Titman、Wei 和 Xie（2013），Watanabe et al.（2013）的研究均发现在发展中国家样本（包括中国）中，金融市场的有效性程度普遍相对较低，这会造成企业在投资过程中受到的外部摩擦更强，即企业的融资约束程度更大，同时证明了融资约束已成为此类国家中企业可持续发展的最主要障碍之一。

（二）代理变量选择

在梳理已有研究的基础上，本节采用6种融资约束程度的代理变量来刻画投资摩擦，具体包括资产规模、企业分红、产权性质、KZ 指数、SA 指数和 WW 指数，前三种代理变量为单变量划分指标，其中产权性质变量为中国市场特有，后三种为近些年研究融资约束领域的经典指数。

1. 资产规模。企业资产规模（AT）是衡量融资约束最经典也是最常用的指标，主要原因有：首先，大规模公司通常资本更雄厚、抵押品价值相对较高，拥有更多元的融资渠道，而小公司尤其是新兴行业中的公司有形资产少，抵押品价值低，融资约束更强；其次，大规模公司通常成立时间较久、有关其信誉与经营情况的记录更丰富，从而公司与市场间的信息不对称程度较低（Titman 和 Wessels，1988；Whited，1992；Schaller，1993；Erickson 和 Whited，2000；Almeida、Campello 和 Weisbach，2004；Almeida 和 Campello，2007；Li 和 Zhang，2010）；最后，在以间接融资为主导的中国市场，商业银行在贷款发放上对大型企业有着明显的倾向性，而对中小企业存在一定的规模歧视性，小微企业融资难、融资贵的问题一直以来是亟待解决的棘手问题（殷孟波、翁舟杰和梁丹，2008）。

2. 企业分红。企业分红（DIV）同样是融资约束常用的代理变量，最早由 Fazzari、Hubbard 和 Petersen（1988）提出，使用该变量的基本逻辑在于：作为一个公司实现其他利润项目分配之后的灵活调整科目，企业红利支付越高，说明该企业拥有越好的财务状况和盈利能力，内部资金更充裕，从而公司受到的外部融资约束更低（Fazzari 和 Petersen，1993；Hubbard et al.，1995；Lamont、Polk 和 Saa – Requejo，2001）。在针对中国公司融资约束的相关研究中，连玉君等（2010）、李科和徐龙炳（2011）、翟淑萍等（2012）也均采用了企业分红指标。

3. 产权性质。根据企业产权性质划分，中国的企业可以分为国有企业（SOE）和民营企业（PE）两大类，二者的融资约束差异明显。商业银行在发放贷款过程中有着一定的所有制歧视现象，国有企业依靠其政治特性和产权特性，拥有来自政府的政策支持和信用背书，与银行业金融机构的联系更为紧密，更容易获得银行的贷款，而民营企业在抵押和担保方面条件缺失，信息不对称程度高，受到的"信贷配给"现象比较突出（林毅夫和孙希芳，2005；Li Hongbin et al.，2008）；在股权融资方面，民营企业尤其是处于创业成长期的民营企业，由于资本市场的准入门槛相对较高、手续繁杂，大部分民营企业无法获得公开发行股票融资的机会，因此相比于国有企业，民营企业的融资约束程度更高（Cull et al.，2015）。在研究中国市场上市公司的融资行为、投资摩擦等问题时，产权性质变量常被用来测度融资约束程度（王彦超，2009；屈文洲、谢雅璐和叶玉妹，2011；王艳林、祁怀锦和邹燕，2012；卢太平和张东旭，2014）。

4. KZ 指数。KZ 指数是由关系融资约束程度的一系列公司特征变量构成，参考 Kaplan 和 Zingales（1997，2000），Lamont、Polk 和 Saa – Requejo（2001），在构建该指数时，本文综合使用了现金流资产比指标（CF/A）、托宾 Q 指标（Tobin's Q）、资产负债率（D/A）、股利支付变量（Dividends）和现金持有量与总资产之比指标（Cash/A）5 种变量，其中现金流资产比指标中的现金流具体使用了公司的股权自由现金流（FCFE），托宾 Q 值由公司股权市场价值与资产重置成本之比得到，股利支付变量由现金股利与总资产之比得到，现金持有量具体为公司的现金及现金等价物。分别利用上述变量对公司进行不同融资约束二元分类，之后采用排序逻辑回归模型（ordered logistic model）对于上述变量进行回归估计各变量参数，得到拟合好的回归模型后来计算出样本中每家公司的 KZ 指数。计算 KZ 指数时具体使用的回归模型估计结果如下

$$KZ_{i,t} = -1.002 \times \frac{CF_{i,t}}{A_{i,t-1}} + 0.283 \times Tobin's\ Q_{i,t} + 3.139 \times \frac{D_{i,t}}{A_{i,t-1}}$$

$$- 39.368 \times Dividends_{i,t} - 1.315 \times \frac{Cash_{i,t}}{A_{i,t-1}} \tag{7.3}$$

若某家公司的 KZ 指数值高，则表明该公司具有低经营性现金流、低股利支付水平、低现金持有、高负债率与高成长性的特征，此类公司通常面对着更高的融资约束程度。

5. SA 指数。SA 指数是本节使用的刻画投资摩擦的第五种代理变量，其构建方法主要参考 Hadlock 和 Pierce（2010）中的研究设计，所使用变量为公司总资产（AT）和企业的上市时间（Age），具体采用排序逻辑回归模型进行拟合估计，得到 SA 指数的计算公式为

$$SA_{i,t} = -0.737 \times AT_{i,t} + 0.043 \times AT_{i,t}^2 - 0.040 \times Age_{i,t} \tag{7.4}$$

SA 指数更高的公司一般为小规模、上市时间短的公司，信息不对称程度高且获取外部融资的成本较高，面临的融资约束和投资的边际成本均较高，即 SA 指数与投资摩擦程度正相关。

6. WW 指数。最后一个代理变量为 WW 指数，主要参照 Whited 和 Wu（2006）来进行构建。类似 KZ 指数，WW 指数为以下 6 个变量的线性组合，具体包括现金流占总资产之比指标（CF/A）、分红指示变量（DIVPOS）、长期债务占总资产比重（TLTD）、资产总额的自然对数（LNTA）、行业营业收入增长率（ISG）、公司营业收入增长率（SG），其中 DIVPOS 取 1 时表示公司当年发放现金红利，取 0 时表示未曾发放红利；ISG 使用该公司所在行业营业收入增长率的平均值，行业分类使用中国证监会的《上市公司行业分类指引（2012 年修订）》。计算每家公司的 WW 指数的公式如下所示：

$$WW_{i,t} = -0.091 \times CF_{i,t}/A_{i,t-1} - 0.062 \times DIVPOS_{i,t} + 0.021 \times TLTD_{i,t}$$

$$- 0.044\ LNTA_{i,t} + 0.1021 \times ISG_{i,t} - 0.035 \times SG_{i,t} \tag{7.5}$$

类似 KZ 指数和 SA 指数，WW 指数越高，表明该公司面临的融资约束程度越大。

国内学者在描述融资约束时较多使用单变量指标，例如连玉君等（2010）、李科和徐龙炳（2011）等。然而构建融资约束指数的实证研究还较少，有代表性的研究有卢太平和张东旭（2014）使用了 SA 指数、魏志华等（2012）使用了 KZ 指数、翟淑萍等（2012）使用了 WW 指数等。本节的实证研究过程中，在充分考虑中国市场的实际情况的基础上，综合运用了上述 3 种单变量与 3 种融资约束指数，有利于通过融资约束的客观衡量来更加全面、准确地刻画中国市场中投资摩擦程度的相关变化。

三、实证检验

类似错误定价理论检验方法，本节同样使用投资组合分析法来检验盈利溢价水平与投资摩擦程度之间的关系，投资摩擦具体通过 6 种代理变量分别刻画，并依次与表示盈利性的指标两两之间进行二元排序联合选股，构建投资组合。

投资组合在 t 年 6 月进行构建，首先样本中公司按照其投资摩擦程度进行分类：其中对于 AT 变量、KZ 指数、SA 指数和 WW 指数，公司根据其从低到高升序排序值的 30 和 70 分位数值分成投资摩擦低、中、高三组，排序变量值低于 30 分位数值的公司被划入投资摩擦程度“低”组，排序变量值高于 70 分位数值的公司被划入投资摩擦程度“高”组，其余公司为中间组；而对于现金股利支付率和产权性质变量，由于变量本身的二元特性，所有公司被分为投资摩擦程度高和低两组，国有企业或当年发放红利的企业被视为投资摩擦“低”组，民营企业或者未发放红利的企业则为投资摩擦“高”组；表 7 - 2 中最左列所示的 Low 组和 High 组分别表示投资摩擦程度的“低”和“高”。同时，盈利分组方法和前文类似：由 $t-1$ 年 12 月底公司的基本面信息，分别根据 GPA、ROA、ROE、ROIC 进行单因素排序，将所有公司按照盈利分成 10 组，其中 L 组和 H 组分别表示公司盈利水平最低组和最高组。

表 7 - 2 中的 6 个面板展示了 6 种刻画投资摩擦程度的并列情形，而在每个面板中，有 4 种盈利策略，在分别确定投资摩擦代理变量与盈利指标后，每种二元排序联合选股可以生成 30 个（3×10）“投资摩擦—盈利”投资组合①，

---

① 当刻画投资摩擦的代理变量为现金股利支付率或产权性质变量时，与盈利进行二元排序联合选股生成 20 个（2×10）“投资摩擦—盈利”投资组合。

表7-2　投资摩擦程度与盈利溢价效应检验

投资摩擦程度	衡量	GPA L	GPA H	GPA H-L	ROA L	ROA H	ROA H-L	ROE L	ROE H	ROE H-L	ROIC L	ROIC H	ROIC H-L
Low	AT	-0.80 [-2.95]	0.70 [3.45]	1.50 [4.27]	-0.69 [-2.25]	0.40 [1.90]	1.09 [2.99]	-0.70 [-2.46]	0.48 [2.35]	1.18 [3.44]	-0.53 [-2.19]	0.33 [1.76]	0.85 [2.80]
High	AT	0.16 [0.53]	0.46 [1.66]	0.30 [0.69]	-0.37 [-1.31]	0.40 [1.34]	0.78 [1.89]	0.04 [0.12]	0.28 [0.86]	0.24 [0.54]	-0.39 [-1.48]	0.12 [0.45]	0.51 [1.38]
Low	DIV	-0.45 [-0.94]	0.85 [3.80]	1.29 [2.63]	-0.89 [-2.65]	0.39 [2.07]	1.28 [3.35]	-0.67 [-2.07]	0.40 [2.07]	1.07 [2.85]	-0.08 [-0.23]	0.26 [1.45]	0.34 [0.86]
High	DIV	-0.58 [-2.89]	0.29 [1.11]	0.88 [2.63]	-0.50 [-2.28]	0.52 [1.48]	1.02 [2.37]	-0.39 [-1.77]	0.40 [1.45]	0.79 [2.30]	-0.47 [-2.22]	-0.12 [-0.51]	0.35 [1.24]
Low	SOE	-0.83 [-3.69]	0.63 [2.25]	1.46 [4.28]	-0.68 [-2.51]	0.35 [1.34]	1.03 [2.94]	-0.63 [-2.41]	0.45 [1.61]	1.08 [3.16]	-0.43 [-1.70]	0.15 [0.65]	0.58 [1.96]
High	PE	-0.42 [-1.35]	0.72 [2.32]	1.14 [2.53]	-0.65 [-2.36]	0.45 [1.41]	1.10 [2.83]	-0.54 [-1.91]	-0.19 [-0.64]	0.35 [0.92]	-0.06 [-0.17]	-0.26 [-0.90]	-0.20 [-0.52]
Low	SA Index	-0.79 [-3.05]	0.73 [3.61]	1.52 [4.39]	-0.59 [-1.91]	0.35 [1.63]	0.93 [2.52]	-0.63 [-2.11]	0.46 [2.16]	1.09 [2.98]	-0.63 [-2.64]	0.52 [2.96]	1.15 [4.08]
High	SA Index	-0.38 [-1.15]	0.50 [1.68]	0.88 [1.87]	-0.47 [-1.65]	0.29 [0.91]	0.76 [1.94]	-0.07 [-0.25]	0.41 [1.08]	0.48 [1.09]	-0.10 [-0.41]	-0.27 [-0.93]	-0.16 [-0.54]
Low	KZ Index	-1.09 [-2.88]	0.84 [3.73]	1.92 [4.82]	-0.84 [-2.49]	0.47 [2.37]	1.32 [3.32]	-0.57 [-1.63]	0.60 [2.74]	1.17 [2.71]	0.26 [0.62]	0.61 [3.04]	0.35 [0.79]
High	KZ Index	-0.59 [-2.66]	0.18 [0.45]	0.77 [1.70]	-0.61 [-2.67]	0.29 [0.68]	0.89 [1.90]	-0.49 [-2.31]	0.07 [0.18]	0.55 [1.36]	-0.28 [-1.30]	-0.30 [-1.07]	-0.02 [-0.07]
Low	WW Index	-0.66 [-2.09]	0.85 [3.95]	1.52 [3.97]	-0.67 [-2.10]	0.48 [2.51]	1.15 [3.02]	-0.45 [-1.56]	0.54 [2.69]	0.99 [2.73]	-0.13 [-0.34]	0.37 [1.97]	0.50 [1.14]
High	WW Index	-0.36 [-1.30]	-0.08 [-0.25]	0.28 [0.68]	-0.32 [-1.18]	-0.67 [-1.69]	-0.35 [-0.69]	-0.09 [-0.35]	-0.94 [-2.36]	-0.85 [-1.85]	-0.47 [-1.90]	-0.32 [-1.05]	0.15 [0.44]

组合持有期为 t 年 7 月 1 日至 $t+1$ 年 6 月 30 日，按年度再平衡。投资组合收益率利用市值加权型计算方式，表 7 - 2 中投资绩效为月度超额收益（FF3 α，百分比形式），FF3 α 通过 2001 年 7 月至 2015 年 6 月间的 30 个"投资摩擦—盈利"组合的月度平均收益率与无风险收益率作差，分别对相应的 Fama - French 三因子月度收益率进行时间序列回归，所得截距项即为 FF3α，FF3α 下方方括号中数字为其对应的回归 t 值，反映显著性水平。

与错误定价检验类似，表 7 - 2 中主要汇报了投资摩擦程度最高组（High 组）和最低组（Low 组）与盈利水平最高组（H 组）、最低组（L 组）及盈利对冲组（H - L 组）形成的二维联合排序组合的投资绩效情况。在单变量刻画的投资摩擦情形中，即前三个面板结果，可以观察到以下结果：盈利对冲投资组合的绩效在企业资产规模雄厚、发放现金红利、国有企业中，也就是均在投资摩擦程度低的分组中表现得更加出色。例如用资产规模衡量投资摩擦时，GPA 盈利对冲策略在投资摩擦程度低（大资产规模）的公司分组中超额收益为 1.50（$t=4.27$），而在投资摩擦程度高（资产规模小）的公司中超额收益仅为 0.30%（$t=0.69$），并不显著，盈利溢价在投资摩擦低和高分组间的差额为月平均 1.2%。在其他几种盈利策略中有类似发现：以 ROA（ROE、RO-IC）衡量的盈利溢价在低投资摩擦组中高达 1.09%（1.18%、0.85%），而在高投资摩擦组中仅为 0.78%（0.24%、0.51%）。

继续观察通过融资约束程度指数来刻画投资摩擦时的检验情况，即表 7 - 2 中的后三个面板中的实证结果，可知：盈利溢价水平与投资摩擦程度之间的负相关关系非常稳健，无论使用哪种盈利投资策略，多空对冲组合的投资表现均在更低 KZ 指数、更低 SA 指数和更低 WW 指数的分组中更为优异。例如，具体关注 GPA 盈利对冲组合，在所有低融资约束程度指数分组中（SA、KZ、WW 指数），月度超额收益率在 1.52%（$t=4.39$）至 1.92%（$t=4.82\%$）的高位区间中变动，而在高融资约束程度指数组中，对冲组合的超额收益普遍不显著，收益最小值低至 0.28%（$t=0.68$），最好也仅有 0.88%（$t=1.87$），上述盈利溢价程度针对高、低融资约束指数分组中所表现出的差异性，在以 ROA、ROE 和 ROIC 来构建盈利投资策略时同样显著可测。

综上所述，中国股票市场中的盈利溢价效应在通过融资约束程度衡量的低投资摩擦公司里表现得更为突出，此类公司具有更高的国有股权比例（即属于国有企业）、拥有大资产规模、更长上市时间、更强劲的营业收入增长、富余的现金流水平以及适度的行业竞争环境等特征，并且该实证结果对于不同盈利水平和融资约束的代理变量均显示出了良好的稳健性。因此可以证明，盈利溢价程度高低与投资摩擦大小显著负相关，与 Q 理论中有关股票预期收益的机制解释保持一致。

第三节　本章小结

　　本章分别对于错误定价理论和 Q 理论在盈利策略超额收益的解释方面进行了实证检验，研究发现，中国股票市场的盈利溢价效应与 Q 理论的作用机制保持一致，即基于 Q 理论的经济解释可以更好地捕捉盈利策略在 A 股市场中超额收益的变化情况。

　　具体来看，在错误定价理论的检验中，实证结果显示，在低异质性风险和低换手率，以及流动性更强、股票收盘价更高和成交总金额更高的公司分组中可观测到更加明显的盈利溢价，即表明无论用估值不确定性理论还是有限套利理论来分析错误定价对盈利溢价的影响，均一致显示出盈利溢价在错误定价程度更低的公司中反而表现更显著，这与行为金融理论的解释不一致。

　　而在 Q 理论的检验方面，本文采用全面的代理变量设计来刻画企业面临的投资摩擦程度，实证研究发现：在资产规模更雄厚、企业股利支付率更高，且具有国有企业属性，并拥有更低融资约束指数（KZ、SA 和 WW 指数）特征的公司分组中，盈利溢价程度更强，此类公司的外部融资约束程度通常更低、投资摩擦较弱。因此，这表明了盈利溢价效应强度与投资摩擦水平负相关，这与 Q 理论的解释保持一致，即当企业的投资摩擦程度越严重时，其边际投资成本相应越高，此时股票预期投资收益与盈利水平的正相关关系会受到来自边际投资成本更强的反向抵消，即使得盈利溢价效应出现更加显著的降低。

第八章
结论与启示

第一节　主要研究结论

本文以近几年国际资产定价领域的热点问题——盈利异象为研究动机，通过采用多种代理变量刻画公司盈利，在中国股票市场中对盈利溢价效应进行了系统性的检验，具体构建由盈利驱动的价值投资策略，运用投资组合分析和回归分析来考察其在 A 股市场中的有效性程度。进一步对于盈利策略的稳健性进行了全面的检验，首先测度了中国市场的规模效应和价值效应；其次分别通过控制规模和估值因子，以及在同时控制规模和估值因子的不同情形下，考察盈利策略投资组合的绩效变化情况；最后通过比较研究错误定价理论与 Q 理论，实证检验得到解释盈利策略超额收益的经济运行机制。本文的主要研究结论如下：

第一，由成熟资本市场中发现的盈利溢价效应在中国市场中同样可以非常显著地观测到，即由盈利驱动的价值投资策略在中国市场可以取得出色的投资绩效表现，公司盈利水平与股票预期投资收益之间存在显著为正的关系，并且该趋势在各类盈利策略中均保持一致。例如，在 2001—2015 年的样本期内，基于 GPA（ROA、ROE、ROIC）构建的多空对冲组合可以获得年均 18%（15%、13%、10%）左右的超额收益，该超额收益并不能使用 Fama - French 三因子模型来解释。

第二，盈利策略具有良好的稳健性，投资组合分析与 Fama - Macbeth 回归分析均显示，在控制了包括市值规模、账面市值比、惯性收益在内的一系列因素之后，盈利信息对于公司未来股票收益的正向预测能力仍然非常显著，即中国股票市场中的盈利溢价效应并不由上述股票横截面收益的重要影响因素来决定。

第三，盈利溢价效应在大市值规模和高成长性（低账面市值比）的公司中表现最为突出，这对于 A 股市场的投资者给予了重要投资实践指导：在构建盈利驱动的价值投资策略时，应重点选取盈利水平出色、大盘成长型的公司股票。在过去 14 年里，投资者依照"盈利—规模—估值"三维排序联合选股体系构建的盈利多空对冲套利组合可以获得高达接近 30% 的年化平均超额收益，投资表现优异。

第四，中国股票市场中的盈利溢价效应与错误定价理论解释不一致。依照行为金融理论，错误定价的存在会增强股票市场异象的表现。而本文实证研究表明，无论是通过估值不确定性还是有限套利程度来衡量错误定价的可能性，盈利溢价效应均在错误定价程度更低的公司中表现更为突出，这与非理性下的错误定价解释存在明显矛盾。

第五，基于企业投资的资产定价理论——Q 理论可以很好地解释中国股票市场中的盈利策略的超额收益来源。根据 Q 理论的分析框架，在企业投资给定的情况下，该企业面临的投资摩擦程度越高时，相应其边际投资成本越大，盈利水平对股票预期收益的正向预测能力就会越弱。本文实证检验结果验证了上述作用机制，研究发现盈利溢价效应在投资摩擦程度更低的公司中表现更显著，而此类公司通常为国有企业且受到的融资约束水平低，具有资产规模大、红利支付水平高、现金流充裕、上市时间长、营业收入增长较快等特征。

第二节 研究启示

一、启示与建议

在本文的主要实证发现和研究结论基础上，结合当前我国的资本市场发展现状与特征，本文在投资者和制度两方面有如下启示和建议，其中前三条与投资者进行财富管理与投资实践相关，而后三条为市场制度与机制建设层面的建议。

（一）重视盈利性在价值投资中的作用

本文对于盈利效应的有效测度为 A 股市场中的投资者在实践价值投资时提供了重要启示：在西方市场中实证研究发现的价值投资策略最新内涵——基

于盈利驱动的价值投资策略在中国股票市场环境里同样适用，即在构建价值投资策略时应充分关注企业盈利的重要性，通过对盈利性的全面考察，以求筛选到基本面出色、有良好发展前景的高品质公司。投资者在中国股票市场构建价值投资实践时，同样不能仅仅关注股票的估值水平，而应同时兼顾估值指标和盈利水平进行联合选股，这样可以避免在一味追求购买便宜股票时因未能及时识别有潜在财务困境的公司而长时间落入价值陷阱，在估值与盈利的协同作用下挑选出估值合理、品质出众的价值股。

（二）资产管理过程中充分利用因子配置的思想

本文研究证明盈利性在 A 股市场具有显著的股票横截面收益预测能力，并构建了投资绩效出色的盈利、估值与规模的三维联合排序选股体系。在该选股体系中，将最新被确立为股票定价因子的盈利因素，与经典定价因子规模因子和账面市值比因子联合，实则是一种因子配置的投资思想，投资者在进行资产管理过程中，可以充分利用此因子配置的投资逻辑，从而有利于资产的充分分散，实现各因子间的优势互补，在降低整体投资组合风险的同时增强超额收益。此外，投资者在具体实践过程中，也可不仅仅局限于上述选股体系，可以在选股过程中尝试联合新的定价因子，如果该因子能够提供额外的边际超额收益，就可以将其纳入现行选股体系之中，以求增强整体投资组合的业绩表现。

（三）培养中小投资者科学的价值投资理念

中国股票市场中的中小投资者尤其是散户投资者占据相当高的比例，其中相当一部分个体由于缺乏相关的专业知识与投资行为训练，在进行投资决策时存在盲目性，从而导致各种行为偏差与非理性行为的发生，同时由于缺少合理的风险控制意识，最终可能造成其严重的损失。科学的价值投资需要投资者具备一定的公司研究水平和相关投资分析技能，因此，应当针对散户加强投资者教育、提升专业技术素养和风险意识，从而有利于其培养科学的价值投资理念。这样，市场中投资者的整体专业水平可以逐步提升，降低市场暴涨暴跌、波动剧烈的异常事件的出现概率，进一步增强市场的成熟度。

（四）进一步优化 A 股市场的投资者结构

中国股票市场与成熟资本市场间在投资者结构方面最大的差异就是机构投资者占比低，市场散户化倾向主导，相比较而言，机构投资者更加注重长期投资绩效，有助于挖掘市场中的长期价值，帮助企业实现价值回归。因此，应当通过稳步发展保险资金、企业年金、引导社保基金入市等措施为市场引入多元化机构投资者的长期资金，同时不断降低 A 股市场在国际市场中的分割性，增强国际化程度，从而提升海外专业机构投资者的市场参与程度，旨在继续优化股票市场的投资者结构，提高机构投资者比例。

（五）增强风险管理方面的工具创新

由于资产管理规模巨大，机构投资者进行价值投资时需要利用各类做空对冲工具，实现相关套利策略，从而控制整体风险，对投资组合进行有效管理。目前，中国股票市场的对冲避险工具还不够丰富，做空约束很强，例如在指数期货方面，现有的沪深 300 股指期货尚显单一，应当继续推出以中证 500、上证 100 等指数为标的的期货，而在个股期权方面，大部分产品还仍在初期阶段，运作成本高，大规模使用有较大障碍。因此，应当继续加强各类对冲避险工具的创新，丰富投资者的选择，降低套利成本，从而完善中国市场中的多空交易机制，有利于价值投资者相关策略的锚定与成功实践。

（六）降低中小企业的融资约束程度

本文实证研究发现，在 A 股市场中，盈利溢价效应在大规模的国有企业中表现更为突出，相比于中小企业和民营企业，此类公司的融资约束与投资摩擦程度均相对较低。这也反映出，在以间接融资为主导的中国，中小企业尤其是小微企业外部融资约束严重，融资难与融资贵的问题一直亟待解决，因此降低中小企业的融资约束程度、提升金融普惠性的金融基础设施建设仍需继续加强。近几年，A 股的市场化与法制化进程取得了一定成绩，例如股票退市制度的执行力度进一步加大，即将落地的公司 IPO 注册制等措施，但是改革仍需继续深入，应当进一步推动中国股票市场的"去行政化"、加速深化市场化机制改革步伐、完善多层次资本市场的构建，引导资金流向发展前景广阔、市场竞争力强和生产效率高的企业，促进金融资源的优化配置。

二、研究展望

（一）价值投资策略与技术理论相结合

中国股票市场相比于成熟资本市场而言，波动率还相对较高，短期之中市场的震荡可能会非常明显，导致投资业绩波动性很大。因此，作为专业的投资者，对于风险管理应当有着进一步的要求，控制好投资组合的回撤率，这就需要考虑到择时的重要性。Han、Yang 和 Zhou（2013）在对现有技术分析研究理论整体梳理的基础上，对于美国股票市场进行实证研究，发现可以通过移动平均指标作为投资组合趋势性的判定标准并可以相应相机择时投资。在中国股票市场中同样可以考虑相关技术的应用，通过价值投资策略实现优异的"选股"，并同时结合相关技术理论进行"择时"，力求为投资者获取一个经过趋势增强后的基本面投资收益，从而实现价值投资选股与趋势跟踪择时的相互促进。目前，国内学者鲜有将价值投资与技术理论相结合的实证研究，这是在本文现有研究基础上另一个值得深入发掘的方向。

（二）构建符合中国股票市场的最新资产定价模型

Hou、Xue 和 Zhang（2015a）与 Fama 和 French（2015）均在原有模型基础上提出了投资因子和盈利因子，而目前国内研究所关注的资产定价模型还更多地集中于经典三因子模型（Fama 和 French，1993）分析框架，对于国际前沿资产定价理论的"中国化"研究还存在一定滞后。因此，可以考虑在中国股票市场中构建新的资产定价模型，全面检验在纳入企业投资因子与盈利因子后的新资产定价模型对于现有中国股票市场异象情况的解释力度和稳健性情况，旨在提出符合中国市场特征的因子定价模型。

（三）考虑投资主体对于价值投资策略的选择

本文的研究视角主要针对于如何构建价值投资策略及其绩效，在进一步的研究中可以考虑区分不同种类与特征的投资者对于策略的选择偏好，即研究视角可转移至投资主体方面。如可以针对盈利出色的高品质股票中，分别对比分析考察机构投资者与个体投资者的持股比例、换手率、平均持仓时间等特征，来研究市场上不同类型的投资主体在价值投资策略选择方面的差异性问题。

参 考 文 献

[1] 陈信元，张田余，陈冬华. 预期股票收益的横截面多因素分析：来自中国证券市场的经验证据 [J]. 金融研究，2001（6）：22－35.

[2] 冯永昌，王骁，陈嵘. 中国股市基本面价值加权投资组合研究 [J]. 数理统计与管理，2008（5）：911－917.

[3] 韩其恒，于旭光. 价值型投资在中国证券市场上的有力证据 [J]. 上海财经大学学报，2007（1）：79－85.

[4] 韩豫峰，汪雄剑，周国富，邹恒甫. 中国股票市场是否存在趋势？[J]. 金融研究，2014（3）：152－163.

[5] 郝爱民. 中国证券市场价值投资效应及影响因素 [J]. 统计与决策，2006（6）：101－103.

[6] 贺显南. 中国股市价值投资研究 [J]. 中南财经政法大学学报，2004（5）：117－122.

[7] 黄惠平，彭博. 市场估值与价值投资策略——基于中国证券市场的经验研究 [J]. 会计研究，2010（10）：40－46，96.

[8] 黄惠平，彭博. 基于财务视角的价值投资策略实证研究 [J]. 经济管理，2012（9）：129－139.

[9] 黄兴旺，胡四修，郭军. 中国股票市场的二因素模型 [J]. 当代经济科学，2002（5）：50－57，95.

[10] 雷光勇，张英，姜彭. 公司基本面、投资者认知及股票回报 [J]. 会计与经济研究，2013（6）：8－16.

[11] 李科，徐龙炳. 融资约束、债务能力与公司业绩 [J]. 经济研究，2011（5）：61－73.

[12] 李小晗，张鸣. 投资者注意力和应计异象 [J]. 中国会计与财务研究，2011，13（2）：108－195.

[13] 李心丹. 行为金融理论：研究体系及展望 [J]. 金融研究，2005（1）：175－190.

[14] 连玉君，彭方平，苏治. 融资约束与流动性管理行为 [J]. 金融研究，2010（10）：158－171.

[15] 林斗志. 价值投资在我国股市表现的实证分析 [J]. 财经科学，2004（1）：271－274.

[16] 林毅夫，孙希芳. 信息、非正规金融与中小企业融资 [J]. 经济研究，2005

（7）：35 - 44.

[17] 卢太平，张东旭. 融资需求、融资约束与盈余管理 [J]. 会计研究，2014（1）：35 - 41，94.

[18] 潘莉，徐建国. A 股市场的风险与特征因子 [J]. 金融研究，2011（10）：140 - 154.

[19] 卿小权，王化成，张伟华，马晓逵. 市场错误定价、价值投资超额收益及其成因研究 [J]. 中国经济问题，2012（1）：92 - 102.

[20] 屈文洲，谢雅璐，叶玉妹. 信息不对称、融资约束与投资—现金流敏感性——基于市场微观结构理论的实证研究 [J]. 经济研究，2011（6）：105 - 117.

[21] 权小锋，洪涛，吴世农. 选择性关注、鸵鸟效应与市场异象 [J]. 金融研究，2012（3）：109 - 123.

[22] 石予友，仲伟周，马骏，陈燕. 股票的权益比、账面市值比及其公司规模与股票投资风险——以上海证券市场的 10 只上市公司股票投资风险为例 [J]. 金融研究，2008（6）：122 - 129.

[23] 史建平. 金融创新要紧贴实体经济 [J]. 求是，2013（1）：28 - 29.

[24] 史建平. 金融市场学 [M]. 北京：清华大学出版社，2012：30 - 48.

[25] 史建平. 投资学 [M]. 武汉：武汉大学出版社，2005：152 - 191.

[26] 史建平，官兵. 垄断、政府控制与金融制度演进 [J]. 国际金融研究，2004（6）：60 - 66.

[27] 田利辉，王冠英. 我国股票定价五因素模型：交易量如何影响股票收益率？[J]. 南开经济研究，2014a（2）：54 - 75.

[28] 田利辉，王冠英. 西方资产定价学说和我国股票市场发展 [J]. 南开学报（哲学社会科学版），2014b（2）：127 - 135.

[29] 田利辉，王冠英，张伟. 三因素模型定价：中国与美国有何不同？[J]. 国际金融研究，2014（7）：37 - 45.

[30] 万欣荣，蒋少戈，朱红磊. 我国股票收益影响因素的定价模型实证研究 [J]. 金融研究，2005（12）：62 - 72.

[31] 汪炜，周宇. 中国股市"规模效应"和"时间效应"的实证分析——以上海股票市场为例 [J]. 经济研究，2002（10）：16 - 21，30 - 94.

[32] 王晋斌. 价值溢价：中国股票市场 1994—2002 [J]. 金融研究，2004（3）：79 - 89.

[33] 王彦超. 融资约束、现金持有与过度投资 [J]. 金融研究，2009（7）：121 - 133.

[34] 王艳林，祁怀锦，邹燕. 金融发展、融资约束与现金、现金流敏感性 [J]. 上海金融，2012（3）：8 - 14.

[35] 王茵田，朱英姿. 中国股票市场风险溢价研究 [J]. 金融研究，2011（7）：152 -

166.

　　[36] 魏志华，林亚清，黄寿峰. 家族控制、金融发展与上市公司现金股利政策 [J].
投资研究，2012 (8): 45 - 59.

　　[37] 吴世农，许年行. 资产的理性定价模型和非理性定价模型的比较研究——基于中
国股市的实证分析 [J]. 经济研究，2004 (6): 105 - 116.

　　[38] 许年行，洪涛，吴世农，徐信忠. 信息传递模式、投资者心理偏差与股价"同涨
同跌"现象 [J]. 经济研究，2011 (4): 135 - 146.

　　[39] 姚辉，武婷婷. 兼顾基本面与估值指标的价值投资策略实证研究——来自2000—
2013 年中国沪深 A 股市场的经验数据 [J]. 投资研究，2014 (11): 123 - 138.

　　[40] 叶建华，周铭山. 有限套利能否解释 A 股市场资产增长异象 [J]. 南开管理评
论，2013 (1): 41 - 48.

　　[41] 殷孟波，翁舟杰，梁丹. 解读中小企业贷款难理论谜团的新框架——租值耗散与
交易费用视角 [J]. 金融研究，2008 (5): 99 - 106.

　　[42] 俞庆进，张兵. 投资者有限关注与股票收益——以百度指数作为关注度的一项实
证研究 [J]. 金融研究，2012 (8): 152 - 165.

　　[43] 翟淑萍，刘湘宁，霍欣欣. 融资约束、系统风险与资产定价 [J]. 金融论坛，
2012 (8): 4 - 12.

　　[44] 张剑，张再生，闫东玲. 中国证券市场异象的持续性检验 [J]. 系统工程，2012
(3): 1 - 7.

　　[45] 朱宝宪，何治国. β 值和账面/市值比与股票收益关系的实证研究 [J]. 金融研
究，2002 (4): 71 - 79.

　　[46] 朱世武，郑淳. 中国资本市场股权风险溢价研究 [J]. 世界经济，2003，26
(11): 62 - 70.

　　[47] Aharoni, Gil, Bruce Grundy and Qi Zeng. Stock returns and the Miller Modigliani
valuation formula: Revisiting the Fama French analysis [J]. Journal of Financial Economics,
2013, 110 (2): 347 - 357.

　　[48] Ali, Ashiq, Lee - Seok Hwang and Mark A. Trombley. Arbitrage risk and the book -
to - market anomaly [J]. Journal of Financial Economics, 2003, 69 (2): 355 - 373.

　　[49] Allen, Franklin, Jun Qian, Chenyu Shan and Lei Zhu. Explaining the disconnection
between China's economic growth and stock market performance [J]. Wharton and SAIF Working
Paper, 2015.

　　[50] Allen, Franklin, Jun Qian and Meijun Qian. Law, finance, and economic growth in
China [J]. Journal of Financial Economics, 2005, 77 (1): 57 - 116.

　　[51] Almeida, Heitor and Murillo Campello. Financial constraints, asset tangibility, and
corporate investment [J]. Review of Financial Studies, 2007, 20 (5): 1429 - 1460.

　　[52] Almeida, Heitor, Murillo Campello and Michael S. Weisbach. The cash flow sensitivity

of cash [J]. Journal of Finance, 2004, 59 (4): 1777 – 1804.

[53] Amihud, Yakov. Illiquidity and stock returns: cross – section and time – series effects [J]. Journal of Financial Markets, 2002, 5 (1): 31 – 56.

[54] Ang, Andrew. Asset management: A systematic approach to factor investing [M]. Oxford University Press, 2014.

[55] Ang, Andrew, Robert J. Hodrick, Yuhang Xing and Xiaoyan Zhang. The cross – section of volatility and expected returns [J]. Journal of Finance, 2006, 61 (1): 259 – 299.

[56] Ang, Andrew, Robert J. Hodrick, Yuhang Xing and Xiaoyan Zhang. High idiosyncratic volatility and low returns: International and further US evidence [J]. Journal of Financial Economics, 2009, 91 (1): 1 – 23.

[57] Asness, Clifford S. , Andrea Frazzini and Lasse H. Pedersen. Quality Minus Junk [J]. AQR Capital Management and NYU Working Paper, 2014.

[58] Asness, Clifford S. , Tobias J. Moskowitz and Lasse Heje Pedersen. Value and momentum everywhere [J]. Journal of Finance, 2014, 68 (3): 929 – 985.

[59] Bai, Jennie, Thomas Philippon and Alexi Savov. Have financial markets become more informative? [J]. Federal Reserve Bank of New York Working Paper, 2013.

[60] Baker, Malcolm, Jeremy C. Stein and Jeffrey Wurgler. When does the market matter? Stock prices and the investment of equity – dependent firms [J]. Quarterly Journal of Economics, 2003, 118 (3): 969 – 1005.

[61] Balakrishnan, Karthik, Eli Bartov and Lucile Faurel. Post loss/profit announcement drift [J]. Journal of Accounting and Economics, 2010, 50 (1): 20 – 41.

[62] Ball, Ray, Joseph Gerakos, Juhani Linnainmaa and Valeri Nikolaev. Deflating gross profitability [J] . Journal of Financial Economics, Forthcoming, 2014.

[63] Banz, Rolf W. The relationship between return and market value of common stocks [J]. Journal of Financial Economics, 1981, 9 (1): 3 – 18.

[64] Barberis, Nicholas and Andrei Shleifer. Style investing [J]. Journal of Financial Economics, 2003, 68 (2): 161 – 199.

[65] Barberis, Nicholas, Andrei Shleifer and Robert Vishny. A model of investor sentiment [J]. Journal of Financial Economics, 1998. 49 (3): 307 – 343.

[66] Barinov, Alexander. Turnover: Liquidity or uncertainty? [J]. Management Science, 2014, 60 (10): 2478 – 2495.

[67] Basu, S. Investment performance of common stocks in relation to their price – earnings ratios: A test of the efficient market hypothesis [J]. Journal of Finance, 1977, 32 (3): 663 – 682.

[68] Beneish, Messod D. , Charles MC Lee and D. Craig Nichols. Earnings manipulation and expected returns [J]. Financial Analysts Journal, 2013, 69 (5): 14.

［69］Bhushan, Ravi. An informational efficiency perspective on the post – earnings announcement drift ［J］. Journal of Accounting and Economics, 1994, 18 (1): 45 – 65.

［70］Black, Fischer. Beta and return ［J］. Journal of Portfolio Management, 1993, 20 (1): 8 – 18.

［71］Bris, Arturo, William N. Goetzmann and Ning Zhu. Efficiency and the bear: Short sales and markets around the world ［J］. Journal of Finance, 2007, 62 (3): 1029 – 1079.

［72］Brown, Philip, Donald B. Keim, Allan W. Kleidon and Terry A. Marsh. Stock return seasonalities and the tax – loss selling hypothesis: Analysis of the arguments and Australian evidence ［J］. Journal of Financial Economics, 1983, 12 (1): 105 – 127.

［73］Cakici, Nusret, Kalok Chan and Kudret Topyan. Cross – sectional stock return predictability in China ［J］. European Journal of Finance, forthcoming, 2015: 1 – 25.

［74］Cakici, Nusret, Sris Chatterjee and Kudret Topyan. Decomposition of book – to – market and the cross – section of returns for Chinese shares ［J］. Pacific – Basin Finance Journal, Forthcoming, 2015.

［75］Campello, Murillo, John R. Graham and Campbell R. Harvey. The real effects of financial constraints: Evidence from a financial crisis ［J］. Journal of Financial Economics, 2010, 97 (3): 470 – 487.

［76］Carhart, Mark M. On persistence in mutual fund performance ［J］. Journal of Finance, 1997, 52 (1): 57 – 82.

［77］Carpenter, Jennifer N. , Fangzhou Lu and Robert F. Whitelaw. The real value of China's stock market ［J］. New York University Working Paper, 2015.

［78］Chan, Louis K. C. , Yasushi Hamao and Josef Lakonishok. Fundamentals and stock returns in Japan ［J］. Journal of Finance, 1991, 46 (5): 1739 – 1764.

［79］Chen, Xuanjuan, Kenneth A. Kim, Tong Yao and Tong Yu. On the predictability of Chinese stock returns ［J］. Pacific – Basin Finance Journal, 2010, 18 (4): 403 – 425.

［80］Chi, Joseph and Jed Fogdall. Integrated equity solutions ［J］. Dimensional Quarterly Institutional Review, 2012.

［81］Chordia, Tarun, Richard Roll and Avanidhar Subrahmanyam. Liquidity and market efficiency ［J］. Journal of Financial Economics, 2008, 87 (2): 249 – 268.

［82］Cochrane, John H. Production – based asset pricing and the link between stock returns and economic fluctuations ［J］. Journal of Finance, 1991, 46 (1): 209 – 237.

［83］Cochrane, John H. A cross – sectional test of an investment – based asset pricing model ［J］. Journal of Political Economy, 1996, 104 (3): 572 – 621.

［84］Cohen, Lauren and Andrea Frazzini. Economic links and predictable returns ［J］. Journal of Finance, 2008, 63 (4): 1977 – 2011.

［85］Cohen, Randolph B. , Paul A. Gompers and Tuomo Vuolteenaho. Who underreacts to cash – flow news? Evidence from trading between individuals and institutions [J]. Journal of Financial Economics, 2002, 66 (2): 409 – 462.

[86] Cull, Robert, Wei Li, Bo Sun and Lixin Colin Xu. Government connections and financial constraints: Evidence from a large representative sample of Chinese firms [J]. Journal of Corporate Finance, 2015, 32 (5): 271 – 294.

[87] Damodaran, Aswath. Value investing: Investing for grown ups? [J]. New York University Working Paper, 2012.

[88] Daniel, Kent, David Hirshleifer and Avanidhar Subrahmanyam. Investor psychology and security market under – and overreactions [J]. Journal of Finance, 1998, 53 (6): 1839 – 1885.

[89] Daniel, Kent, David Hirshleifer and Avanidhar Subrahmanyam. Overconfidence, arbitrage, and equilibrium asset pricing [J]. Journal of Finance, 2001, 56 (3): 921 – 965.

[90] Daniel, Kent and Sheridan Titman. Evidence on the characteristics of cross sectional variation in stock returns [J]. Journal of Finance, 1997, 52 (1): 1 – 33.

[91] DeFond, Mark L., Tak – Jun Wong and Shuhua Li. The impact of improved auditor independence on audit market concentration in China [J]. Journal of Accounting and Economics, 1999, 28 (3): 269 – 305.

[92] DeFond, Mark L. and James Jiambalvo. Incidence and circumstances of accounting errors [J]. Accounting Review, 1991, 66 (3): 643 – 655.

[93] Della Vigna, Stefano and Joshua M. Pollet. Investor inattention and Friday earnings announcements [J]. Journal of Finance, 2009, 64 (2): 709 – 749.

[94] Desai, Hemang, Shivaram Rajgopal and Mohan Venkatachalam. Value – glamour and accruals mispricing: One anomaly or two? [J]. Accounting Review, 2004, 79 (2): 355 – 385.

[95] Dethier, Jean – Jacques, Maximilian Hirn and Stéphane Straub. Explaining enterprise performance in developing countries with business climate survey data [J]. World Bank Working Paper, 2010.

[96] Dreman, David. Psychology and the stock market: Why the pros go wrong and how to profit [M]. Warner Books. New York, 1977.

[97] Edwards, Edgar O. and Philip W. Bell. The theory and measurement of business income [M]. University of California Press, 1965.

[98] Erickson, Timothy and Toni M. Whited. Measurement error and the relationship between investment and q [J]. Journal of Political Economy, 2000, 108 (5): 1027 – 1057.

[99] Eun, Cheol S. and Wei Huang. Asset pricing in China's domestic stock markets: Is there a logic? [J]. Pacific – Basin Finance Journal, 2007, 15 (5): 452 – 480.

[100] Fama, Eugene F. Efficient capital markets: A review of theory and empirical work [J]. Journal of Finance, 1970, 25 (2): 383 – 417.

[101] Fama, Eugene F. and Kenneth R. French. The cross – section of expected stock returns

[J]. Journal of Finance, 1992, 47 (2): 427 – 465.

[102] Fama, Eugene F. and Kenneth R. French. Common risk factors in the returns on stocks and bonds [J]. Journal of Financial Economics, 1993, 33 (1): 3 – 56.

[103] Fama, Eugene F. and Kenneth R. French. Profitability, investment and average returns [J]. Journal of Financial Economics, 2006, 82 (3): 491 – 518.

[104] Fama, Eugene F. and Kenneth R. French. Dissecting anomalies [J]. Journal of Finance, 2008, 63 (4): 1653 – 1678.

[105] Fama, Eugene F. and Kenneth R. French. A five – factor asset pricing model [J]. Journal of Financial Economics, 2015, 116 (1): 1 – 22.

[106] Fama, Eugene F. and Kenneth R. French. Value versus growth: The international evidence [J]. Journal of Finance, 1998, 53 (6): 1975 – 1999.

[107] Fama, Eugene F. and Kenneth R. French. Size and book – to – market factors in earnings and returns [J]. Journal of Finance, 1995, 50 (1): 131 – 155.

[108] Fama, Eugene F. and James D. MacBeth. Risk, return, and equilibrium: Empirical tests [J]. Journal of Political Economy, 1973, 81 (3): 607 – 636.

[109] Fazzari, Steven M. , R. Glenn Hubbard and Bruce C. Petersen. Financing constraints and corporate investment [J]. Brookings Papers on Economic Activity, 1988 (1): 141 – 206.

[110] Fazzari, Steven M. and Bruce C. Petersen. Working capital and fixed investment: new evidence on financing constraints [J]. Rand Journal of Economics, 1993, 24 (3): 328 – 342.

[111] Francis, Jennifer, Ryan Lafond, Per Olsson and Katherine Schipper. Information uncertainty and post – earnings – announcement – drift [J]. Journal of Business Finance & Accounting, 2007, 34 (3 – 4): 403 – 433.

[112] Frazzini, Andrea, David Kabiller and Lasse H. Pedersen. Buffett's Alpha [J]. AQR Capital Management Working Paper, 2013.

[113] Frazzini, Andrea and Lasse Heje Pedersen. Betting against beta [J]. Journal of Financial Economics, 2014, 111 (1): 1 – 25.

[114] Goldstein, Itay, Emre Ozdenoren and Kathy Yuan. Trading frenzies and their impact on real investment [J]. Journal of Financial Economics, 2013, 109 (2): 566 – 582.

[115] Goodman, David A. and John W. Peavy. Industry relative price – earnings ratios as indicators of investment returns [J]. Financial Analysts Journal, 1983, 39 (4): 60 – 66.

[116] Graham, Benjamin. The Intelligent Investor (4th Rev. Ed.) [M]. New York: Harpers & Row, 1973.

[117] Graham, Benjamin, David Le Fevre Dodd and Sidney Cottle. Security analysis [M]. McGraw – Hill New York, 1934.

[118] Greenblatt, Joel. The little book that beats the market [M]. John Wiley & Sons, 2006.

［119］Griffin, John M. and Michael L. Lemmon. Book – to – market equity, distress risk, and stock returns ［J］. Journal of Finance, 2002, 57 （5）: 2317 – 2336.

［120］Gul, Ferdinand A. , Jeong – Bon Kim and Annie A. Qiu. Ownership concentration, foreign shareholding, audit quality, and stock price synchronicity: Evidence from China ［J］. Journal of Financial Economics, 2010, 95 （3）: 425 – 442.

［121］Hadlock, Charles J. and Joshua R. Pierce. New evidence on measuring financial constraints: Moving beyond the KZ index ［J］. Review of Financial Studies, 2010, 23 （5）: 1909 – 1940.

［122］Han, Yufeng, Ke Yang and Guofu Zhou. A new anomaly: The cross – sectional profitability of technical analysis ［J］. Journal of Financial and Quantitative Analysis, 2013, 48 （5）: 1433 – 1461.

［123］Harvey, Campbell R. , Yan Liu and Heqing Zhu. … And the cross – section of expected returns ［J］. Duke University Working Paper, 2014.

［124］Haugen, Robert A. and Nardin L. Baker. Commonality in the determinants of expected stock returns ［J］. Journal of Financial Economics, 1996, 41 （3）: 401 – 439.

［125］Hilliard, Jitka and Haoran Zhang. Size and price – to – book effects: Evidence from the Chinese stock markets ［J］. Pacific – Basin Finance Journal, 2015, 32: 40 – 55.

［126］Hirshleifer, David. Investor psychology and asset pricing ［J］. Journal of Finance, 2001, 56 （4）: 1533 – 1597.

［127］Hirshleifer, David, Po – Hsuan Hsu and Dongmei Li. Innovative efficiency and stock returns ［J］. Journal of Financial Economics, 2013, 107 （3）: 632 – 654.

［128］Hirshleifer, David and Danling Jiang. A financing – based misvaluation factor and the cross – section of expected returns ［J］. Review of Financial Studies, 2010, 23 （9）: 3401 – 3436.

［129］Hirshleifer, David, Sonya S. Lim and Siew Hong Teoh. Limited investor attention and stock market misreactions to accounting information ［J］. Review of Asset Pricing Studies, 2011, 1 （1）: 35 – 73.

［130］Hong, Harrison and Jeremy C. Stein. A unified theory of underreaction, momentum trading, and overreaction in asset markets ［J］. Journal of Finance, 1999, 54 （6）: 2143 – 2184.

［131］Hou, Kewei, Chen Xue and Lu Zhang. Digesting anomalies: An investment approach ［J］. Review of Financial Studies, 2015a, 28 （3）: 650 – 705.

［132］Hou, Kewei, Chen Xue and Lu Zhang. A comparison of new factor models ［J］. NBER Working Paper, 2015b.

［133］Hubbard, G. R. , A. Kashyap and T. M. Whited. Internal finance and firm investment ［J］. Journal of Money, Credit and Banking, 1995, 27 （3）: 683 – 701.

［134］Hutton, Amy P. , Alan J. Marcus and Hassan Tehranian. Opaque financial reports,

R^2, and crash risk [J]. Journal of Financial Economics, 2009, 94 (1): 67 – 86.

[135] Jaffe, Jeffrey, Donald B. Keim and Randolph Westerfield. Earnings yields, market values, and stock returns [J]. Journal of Finance, 1989, 44 (1): 135 – 148.

[136] Jegadeesh, Narasimhan and Sheridan Titman. Returns to buying winners and selling losers: Implications for stock market efficiency [J]. Journal of Finance, 1993, 48 (1): 65 – 91.

[137] Joyce, Chuck and Kimball Mayer. Profits for the long run, affirming the case for quality [J]. GMO White Paper, 2012 (6): 1 – 7.

[138] Kaplan, Steven N. and Luigi Zingales. Do investment – cash flow sensitivities provide useful measures of financing constraints? [J]. Quarterly Journal of Economics, 1997, 112 (1): 169 – 215.

[139] Kaplan, Steven N. and Luigi Zingales. Investment – cash flow sensitivities are not valid measures of financing constraints [J]. Quarterly Journal of Economics, 2000, 115 (2): 707 – 712.

[140] Keim, Donald B. Size – related anomalies and stock return seasonality: Further empirical evidence [J]. Journal of Financial Economics, 1983, 12 (1): 13 – 32.

[141] Kim, Kenneth A. and Jungsoo Park. Why do price limits exist in stock markets? A manipulation – based explanation [J]. European Financial Management, 2010, 16 (2): 296 – 318.

[142] Kothari, S. P., Jay Shanken and Richard G. Sloan. Another look at the cross – section of expected stock returns [J]. Journal of Finance, 1995, 50 (1): 185 – 224.

[143] Kumar, Alok. Hard – to – value stocks, behavioral biases, and informed trading [J]. Journal of Financial and Quantitative Analysis, 2009, 44 (6): 1375 – 1401.

[144] Lakonishok, Josef, Andrei Shleifer and Robert W. Vishny. Contrarian investment, extrapolation, and risk [J]. Journal of Finance, 1994, 49 (5): 1541 – 1578.

[145] Lam, F. Y. Eric C., Shujing Wang and K. C. John Wei. The profitability premium: Macroeconomic risks or expectation errors? [J]. HKUST Working paper, 2014.

[146] Lam, F. Y. Eric C., Tai Ma, Shujing Wang and K. C. John Wei. Cash holdings and stock returns: Risk or mispricing? [J]. HKUST Working paper, 2014.

[147] Lam, F. Y. Eric C. and K. C. John Wei. Limits – to – arbitrage, investment frictions, and the asset growth anomaly [J]. Journal of Financial Economics, 2011, 102 (1): 127 – 149.

[148] Lamont, Owen, Christopher Polk and Jesus Saa – Requejo. Financial constraints and stock returns [J]. Review of Financial Studies, 2001, 14 (2): 529 – 554.

[149] Lee, Charles M. C. Performance measurement: an investor's perspective [J]. Accounting and Business Research, 2014, 44 (4): 383 – 406.

[150] Li, Dongmei. Financial constraints, R&D investment, and stock returns [J]. Review of Financial Studies, 2011, 24 (9): 2974 – 3007.

[151] Li, Dongmei and Lu Zhang. Does q – theory with investment frictions explain anomalies in the cross section of returns? [J]. Journal of Financial Economics, 2010, 98 (2): 297 – 314.

[152] Li, Erica X. N. , Dmitry Livdan and Lu Zhang. Anomalies [J]. Review of Financial Studies, 2009, 22 (11): 4301 – 4334.

[153] Li, Hongbin, Lingsheng Meng, Qian Wang and Li – An Zhou. Political connections, financing and firm performance: Evidence from Chinese private firms [J]. Journal of Development Economics, 2008, 87 (2): 283 – 299.

[154] Li, Kai, Tan Wang, Yan – Leung Cheung and Ping Jiang. Privatization and risk sharing: Evidence from the split share structure reform in China [J]. Review of Financial Studies, 2011, 24 (7): 2499 – 2525.

[155] Liang, Lihong. Post – earnings announcement drift and market participants' information processing biases [J]. Review of Accounting Studies, 2003, 8 (2 – 3): 321 – 345.

[156] Liao, Li, Bibo Liu and Hao Wang. Information discovery in share lockups: Evidence from the split – share structure reform in China [J]. Financial Management, 2011, 40 (4): 1001 – 1027.

[157] Lin, Jianhao, Meijin Wang and Lingfeng Cai. Are the Fama – French factors good proxies for latent risk factors? Evidence from the data of SHSE in China [J]. Economics Letters, 2012, 116 (2): 265 – 268.

[158] Lin, Xiaoji and Lu Zhang. The investment manifesto [J]. Journal of Monetary Economics, 2013, 60 (3): 351 – 366.

[159] Lintner, John. The valuation of risk assets and the selection of risky investments in stock portfolios and capital budgets [J]. Review of Economics and Statistics, 1965, 47 (1): 13 – 37.

[160] Liu, Jing, Doron Nissim and Jacob Thomas. Equity valuation using multiples [J]. Journal of Accounting Research, 2002, 40 (1): 135 – 172.

[161] Liu, Laura Xiaolei, Toni M. Whited and Lu Zhang. Investment – based expected stock returns [J]. Journal of Political Economy, 2009, 117 (6): 1105 – 1139.

[162] Livdan, Dmitry, Horacio Sapriza and Lu Zhang. Financially constrained stock returns [J]. Journal of Finance, 2009, 64 (4): 1827 – 1862.

[163] Ljungqvist, Alexander and Wenlan Qian. How constraining are limits to arbitrage? Evidence from a recent financial innovation [R]. National Bureau of Economic Research, 2014.

[164] Long Jr, John B. and Charles I. Plosser. Real business cycles [J]. Journal of Political Economy, 1983, 91 (1): 39 – 69.

[165] MacKinlay, A. Craig. Multifactor models do not explain deviations from the CAPM [J]. Journal of Financial Economics, 1995, 38 (1): 3 – 28.

[166] Mao, Mike Qinghao and K. C. John Wei. Cash flow news and the investment effect in the cross – section of stock returns [J]. HKUST Working Paper, 2014.

[167] Markowitz, Harry. Portfolio selection [J]. Journal of Finance, 1952, 7 (1): 77 – 91.

[168] Miller, Merton H. and Franco Modigliani. Dividend policy, growth, and the valuation of shares [J]. Journal of Business, 1961, 34 (4): 411 – 433.

[169] Modigliani, Franco and Merton H. Miller. The cost of capital, corporation finance and the theory of investment [J]. American Economic Review, 1958, 48 (3): 261 – 297.

[170] Mossin, Jan. Equilibrium in a capital asset market [J]. Econometrica , 1966, 34 (4): 768 – 783.

[171] Mushruwala, Christina A. , Shivaram Rajgopal and Terry J. Shevlin. Why is the accrual anomaly not arbitraged away [J]. Journal of Accounting and Economics, 2006, 42 (1): 3 – 33.

[172] Nagel, Stefan. Short sales, institutional investors and the cross – section of stock returns [J]. Journal of Financial Economics, 2005, 78 (2): 277 – 309.

[173] Novy – Marx, Robert. The other side of value: The gross profitability premium [J]. Journal of Financial Economics, 2013, 108 (1): 1 – 28.

[174] Ohlson, James A. Earnings, book values, and dividends in equity valuation [J]. Contemporary Accounting Research, 1995, 11 (2): 661 – 687.

[175] O'Shaughnessey, James. What works on wall street [M]. McGraw – Hill Companies, 1998.

[176] Piotroski, Joseph D. Value investing: The use of historical financial statement information to separate winners from losers [J]. Journal of Accounting Research, 2000 (38): 1 – 41.

[177] Piotroski, Joseph D. and Eric C. So. Identifying expectation errors in value/glamour strategies: A fundamental analysis approach [J]. Review of Financial Studies, 2012, 25 (9): 2841 – 2875.

[178] Pontiff, Jeffrey. Costly arbitrage and the myth of idiosyncratic risk [J]. Journal of Accounting and Economics, 2006, 42 (1): 35 – 52.

[179] Reinganum, Marc R. A new empirical perspective on the CAPM [J]. Journal of Financial and Quantitative Analysis, 1981, 16 (4): 439 – 462.

[180] Richardson, Scott A. , Richard G. Sloan, Mark T. Soliman and Irem Tuna. Accrual reliability, earnings persistence and stock prices [J]. Journal of Accounting and Economics, 2005, 39 (3): 437 – 485.

[181] Rosenberg, Barr, Kenneth Reid and Ronald Lanstein. Persuasive evidence of market inefficiency [J]. Journal of Portfolio Management, 1985, 11 (3): 9 – 16.

[182] Ross, Stephen A. The arbitrage theory of capital asset pricing [J]. Journal of Economic Theory, 1976, 13 (3): 341 – 360.

[183] Schaller, Huntley. Asymmetric information, liquidity constraints, and Canadian investment [J]. Canadian Journal of Economics, 1993, 26 (3): 552 – 574.

[184] Sharpe, William F. Capital asset prices: A theory of market equilibrium under conditions of risk [J]. Journal of Finance, 1964, 19 (3): 425 – 442.

[185] Shleifer, Andrei and Robert W. Vishny. The limits of arbitrage [J]. Journal of Finance, 1997, 52 (1): 35 – 55.

[186] Sloan, Richard G. Do stock prices fully reflect information in accruals and cash flows about future earnings? [J]. Accounting Review, 1996, 71 (3): 289 – 315.

[187] Stambaugh, Robert F., Jianfeng Yu and Yu Yuan. The short of it: Investor sentiment and anomalies [J]. Journal of Financial Economics, 2012, 104 (2): 288 – 302.

[188] Statman, Meir, Steven Thorley and Keith Vorkink. Investor overconfidence and trading volume [J]. Review of Financial Studies, 2006, 19 (4): 1531 – 1565.

[189] Stoll, Hans R. Friction [J]. Journal of Finance, 2000, 55 (4): 1479 – 1514.

[190] Sun, Lei, K. C. John Wei and Feixue Xie. On the explanations for the gross profitability effect: Insights from international equity markets [J]. HKUST Working Paper, 2014.

[191] Titman, Sheridan, K. C. John Wei and Feixue Xie. Market development and the asset growth effect: International evidence [J]. Journal of Financial and Quantitative Analysis, 2013, 48 (5): 1405 – 1432.

[192] Titman, Sheridan, Kuo – Chiang Wei and Feixue Xie. Capital investments and stock returns [J]. Journal of Financial and Quantitative Analysis, 2004, 39 (4): 677 – 700.

[193] Titman, Sheridan and Roberto Wessels. The determinants of capital structure choice [J]. Journal of Finance, 1988, 43 (1): 1 – 19.

[194] Trammell, Susan. Quality control: Can new research help investors define a "quality" stock? [M]. 2014: 29 – 33.

[195] Wang, Huijun and Jianfeng Yu. Dissecting the profitability premium [J]. University of Minnesota Working Paper, 2013.

[196] Watanabe, Akiko, Yan Xu, Tong Yao and Tong Yu. The asset growth effect: Insights from international equity markets [J]. Journal of Financial Economics, 2013, 108 (2): 529 – 563.

[197] Whited, Toni M. Debt, liquidity constraints, and corporate investment: Evidence from panel data [J]. Journal of Finance, 1992, 47 (4): 1425 – 1460.

[198] Whited, Toni M. and Guojun Wu. Financial constraints risk [J]. Review of Financial Studies, 2006, 19 (2): 531 – 559.

[199] Xu, Jin and Shaojun Zhang. The Fama – French three factors in the Chinese stock

market [J]. China Accounting and Finance Review, 2014, 16 (2): 1 – 18.

[200] Zhang, Lu. The value premium [J]. Journal of Finance, 2005, 60 (1): 67 – 103.

[201] Zhang, X. Frank. Information uncertainty and stock returns [J]. Journal of Finance, 2006, 61 (1): 105 – 137.

后 记

自 2007 年进入中央财经大学开启本科生活以来，我在这里度过了四年本科与五年的硕博连读学习。值此博士毕业之际，蓦然回首，在中财九年的求学历程即将进入尾声，我心中猛然涌起一阵那期待已久的兴奋与渴望之后，更多的是在平静与释然之中，充满了对自己学生时代的回顾与感激。

二十余年的学生生涯中，最令我难忘、最重要当然也是最为艰难的阶段无疑是博士期间的学习生活，犹如在荆棘密布、压力重重的黑暗道路上奋勇前行。在这里，我首先要感谢我的博士导师史建平教授。读博期间，史老师在学术和生活两方面都给予了我全面的指导和关怀，令我受益匪浅。学术方面，史老师对我严格要求、一丝不苟，让我的科研能力在反复锤炼中逐步提升，而在职业生涯方面，老师在金融机构与金融市场领域深刻的认识和丰富的经验为我的未来发展规划提供了诸多引导与启迪。老师渊博的学识和强大的人格魅力让我在学术思考和为人处世方面均收获良多。

同时，我还要感谢副导师姜富伟教授。姜老师在金融资产定价领域经验丰富、成果丰硕，亲自手把手教导我掌握了资产定价实证研究过程中包括程序编写、模型构建、工具使用等方面的重要方法和技能，并在我论文撰写过程中耐心提点、悉心指导、确保各项研究稳步推进。作为我读博期间的良师益友，姜老师的鼓励与点拨令我增强了在学术研究时自信从容的心态，培养了日常生活中恪己惜时的精神，而这些都是博士论文最终能够顺利完成的重要基础。此外，我要感谢 Robert J. Hordrick 教授，作为我在美国哥伦比亚大学商学院一年期访学过程中的国外导师，Hordrick 教授对我在接触先进方法论与开阔研究视野方面都提供了诸多帮助，老师专注于学术的严谨治学精神深深影响了我，这些积累与触动也是我日后研究学习的宝贵财富。

在中财的本、硕、博学习生活过程中，感谢金融学院的李健老师、李建军老师、张礼卿老师、应展宇老师、张学勇老师、韩复龄老师、史秀红老师、郭剑光老师、王辉老师、史英哲老师，财政学院的马海涛老师，国际经济与贸易学院的张晓涛老师，校组织部杨莹老师等对我的教导、帮助与关怀，正是你们的培养才让我能够不断进步与成长。

同时要感谢我同门的钱学宁师兄、胡建忠师兄、白伟群师兄、杨如冰师姐、范彦君师姐、王婉婷师姐，同门好友唐国豪、张韬、蔡财钏、沈艳，同学刘泽龙、王希哲、魏宇龙、陈书炎、赵承宇、王勇、徐华辰、孙瑞、梁涛、张天宇、廉政、杨育龙、张少哲、李冠雄、刘代民、李保林、彭俞超、乔博，自中学时代起就伴随我成长的司乐水、张悦琦、庄园、史尚睿、周小琨、龚雷等，感谢同窗好友们一路的陪伴，与你们共同奋斗与进步的过程让我万分荣幸、铭记在心。

最后，我要特别感谢我的父母和家人们，尤其是我的母亲，最深沉也是最诚挚的感激，感谢你们对我无条件的理解与包容，感谢你们在我迷茫无助、失意苦恼时给予我最坚定的支持，感谢你们在我艰难的博士学习过程中成为我精神上最需要的慰藉，这也是我未来更加努力奋斗与前进的原动力。拳拳深情，难以言报。

中财九年，得到过、失去过，意气风发过、失意彷徨过，开心幸福过、痛彻心扉过。回想起来，求学往事历历在目，犹在昨日，因为我在这里经历着自身的成长与蜕变，无怨无悔、唯有向前。感恩所有关心过、支持过我的人，愿我们每一个人通过努力，都能实现属于自己的那份本真、坚守与骄傲。希望我在博士毕业、完成在校学生与职业人士的角色转变之后，仍能继续践行自己坚持的处事原则——不求尽善尽美，但求问心无愧。

作者
2017 年 11 月

金融博士论丛